Spanisch für Anfänger

Lösungsheft und Transkriptionen

1

von
Margarita Görrissen
Marianne Häuptle-Barceló
Juana Sánchez Benito
Veronica Beucker
Paloma Martín Luengo
Burkhard Voigt

Ernst Klett Verlag
Stuttgart Düsseldorf Leipzig

Caminos 1

Spanisch für Anfänger

Lösungsheft und Transkriptionen

von
Dr. Margarita Görrissen
Dr. Marianne Häuptle-Barceló
Juana Sánchez Benito
Veronica Beucker
Paloma Martín Luengo
Prof. Dr. Burkhard Voigt

Gedruckt auf Recyclingpapier,
hergestellt aus 100 % Altpapier.

1. Auflage 1 9 | 2002 2001

Alle Drucke dieser Auflage können im Unterricht nebeneinander benutzt werden, sie sind untereinander unverändert. Die letzte Zahl bezeichnet das Jahr dieses Druckes.

Redaktion: Friedhelm Schulte-Nölle

Druck: Niethammer, Reutlingen.
Printed in Germany.
ISBN 3-12-514884-7

Hola, ¿qué tal?

Complete.

Die fett gedruckten Begriffe sind die Lösungen.

1. • Me llamo Isabel. Y **tú**, ¿cómo te llamas?
   ○ Miguel.
2. • Yo soy Juan Alonso. Y usted, ¿**cómo se llama**?
   ○ Pilar Rodríguez.
3. • **Yo me llamo** María, ¿y tú?
   ○ Manuel.
4. • ¿**Cómo** se llama usted?
   ○ Patricia Gallardo.

Ordene.

Hola. Buenos días. Buenas tardes. Buenas noches. Hasta luego. Adiós.

Unidad 1

a) und b) *freie Übungen.*

a) *Transkription und Lösung:*
Córdoba, Colombia, kilo, Quito, Cuba, Carlos
Gerona, José, Gibraltar, Juanita, Jerez
Barcelona, Bogotá, Valencia, Venezuela
Granada, Goya, guitarra, Guatemala
Zaragoza, Cecilia, Zamora

3

Ausspracheübung.
Transkription:
Europa – Eugenia – Puerto Rico – Suecia
Copenhague – La Habana – Holanda – alcohol
Ceuta – Venezuela – elegancia – difícil
Chile – macho – chocolate – China
José – geografía – Argentina – Jorge
me llamo – Mallorca – Sevilla – Marbella

4

1. ¿Qué significa?
2. ¿Cómo se pronuncia?
3. ¿Cómo te llamas?/¿Cómo se llama usted?
4. *7.00 Uhr:* Buenos días.
   14.00 Uhr: Buenas tardes.
   22.00 Uhr: Buenas noches.

5

1. Pablo Picasso es un pintor moderno.
2. Isabel Allende es una autora chilena.
3. Rigoberta Menchú es una política guatemalteca.
4. José Carreras es un cantante de ópera.
5. Felipe González es un político español.
6. Plácido Domingo es un cantante de ópera.
7. Salvador Dalí es un pintor moderno.

6

1. dos	3. diez	5. seis	7. cuatro
2. ocho	4. seis	6. ocho	8. cero

7

Transkription und Lösung:
6 – 2 – 5 – 1 – 7 – 4 – 0 – 9 – 10 – 8 – 3
Nombre: Fidel Castro

8

La: música, familia, reina, información
El: teléfono, presidente, momento, hospital, mundo, autor
Las: noches, personas, oficinas, fotos
Los: teatros, amigos, hoteles

9

hoteles, familias, hospitales, pintores, personas, cantantes, periódicos

10

a) *Brasil:* información, hospital, autor
Argentina: teatros, presidente, momento, personas, oficinas, amigos, hoteles, noches, mundo, fotos, familia, reina
América: teléfono

b) *Lösungsvorschlag:*
Brasil: televisión, canción
Argentina: difícil, banco
América: música

11

a) 1; b) 1; c) 2, 3; d) 4

12

Wörtersammlung.

Unidad 2

1

Solución: Hola, ¿qué tal? – Bien. ¿Y tú?

2

- • Hola, me llamo Francisco. Tú eres Teresa, ¿verdad?
- ○ No, Teresa soy yo.
- • Ah, encantado. Y tú, ¿cómo te llamas?
- △ Claudia.
- • Mucho gusto.

3

1d); 2c); 3b); 4e); 5f); 6a)

4

1. eres; soy
2. son; somos
3. soy, eres
4. Es
5. es; es
6. sois; somos

5

Lösungsvorschlag:
Juan y Luis son profesores.
Carmen y yo somos arquitectas.
Tú eres fotógrafo, ¿verdad?
(usw.)

6

Lösungsvorschlag:
- • Hola, Margarita. ¿Qué tal?
- ○ Muy bien, gracias. ¿Y tú?

(usw.)

7

1. – , la; –. 2. El. 3. –. 4. la. 5. –. 6. El, La; – ; –

8

2. No, no me llamo Juliana.
3. No, no son de Salamanca.
4. No, no somos de Valencia.

9

Freie Übung

10

a) *Lösungsvorschlag:*
¿Qué hace José Luis?
¿Dónde trabaja Juan?
¿Dónde vive Pepe?
¿Quién es Ester?
(usw.)

b) *Freie Übung.*

11

1. Trabajas
2. Sois; soy
3. es, estudia
4. Trabajamos
5. sois, Trabajais; trabaja
6. soy, Trabajo
7. estudias, trabajas; Estudio

12

Emilia no es dentista, es profesora.
Manuela no es de Madrid, es de París.
Luis no habla italiano y alemán, habla francés.
El cantante no se llama Julio Martínez, se llama Julián Moreno.
Los taxistas no son de Barcelona, son de Roma.
Isabel no es enfermera, es secretaria. Trabaja en una oficina.

13

Freie Übung.

14

1. un
2. el
3. una
4. una, la
5. La, la
6. el, la

15

a) und b) *freie Übungen.*

16

Freie Übung.

17

Lösungsvorschlag:
Goya – pintor
Sharon Stone – actriz
Doris Dörrie – directora de cine
Aretha Franklin – cantante (de jazz)
Nelson Mandela – presidente / político
Rosamunde Pilcher – autora
Paul Bocuse – cocinero

Robert Redford – actor
Antonio Gaudí – arquitecto

18

Lösungsvorschlag:
- ¿Qué haces? / ¿Qué hace usted?
- ¿De dónde eres? / ¿De dónde es usted?
- ¿Dónde trabajas? / ¿Dónde trabaja usted?
- ¿Qué estudias? / ¿Qué estudia usted?
- ¿Eres Carmen Martínez? / ¿Es usted Carmen Martínez?

19

La carta número 2 corresponde al anuncio.

20

Correcto: 1, 2, 5, 7
Falso: 3, 4, 6,

21

yo: hablo, soy, escribo, trabajo
tú: trabajas, hablas, vives, eres, estudias
usted, él, ella: escribe, habla, es
nosotros / -as: estudiamos, somos, pasamos
vosotros / -as: vivís, sois, escribís, habláis
ustedes, ellos, ellas: viven, escriben, son, pasan

22

Buenos días: español
Good morning: inglés
Bonjour: francés
Goddag: sueco
Buongiorno: italiano
Guten Tag: alemán
Bom dia: portugués
Goedendag: holandés

23

Aquí Salamanca setenta y nueve.
Aquí Córdoba noventa y cinco.
Aquí Barcelona treinta y cuatro.
Aquí Madrid cuarenta y uno.
Aquí Bilbao sesenta y dos.
Aquí Valencia cincuenta y ocho.
Aquí Sevilla veintitrés.

24

15; 37; 10; 17

25

Foto 1:
1. ¿Cómo os llamáis?
2. ¿Qué hacéis?
3. ¿Estudiáis o trabajáis?
4. ¿Dónde trabajáis?

Foto 2:
1. ¿Cómo están ustedes?
2. ¿Son (ustedes) profesores?
3. ¿De dónde son (ustedes)?
4. ¿Son (ustedes) Isabel y Alberto Santos?

26

Wörtersammlung.

Unidad 3

1

Estación
Aeropuerto
Autopista
Catedral
Estadio
Farmacia
Correos

2

1. habitantes
2. gente
3. tráfico
4. playas
5. contaminación

3

1. aeropuerto
2. mundo
3. gente
4. teléfono
5. fábrica
6. blanco

4

Lösungsvorschlag:
un pueblo pequeño
muchos bancos grandes
un pintor moderno
muchas amigas simpáticas
una lengua difícil
un lugar tranquilo
poca gente inteligente
pocas oficinas bonitas
muchos museos interesantes
un restaurante fantástico

5

Lösungsvorschlag:
Las casas no son bonitas, son feas.
No hay poco tráfico, hay mucho tráfico.
No hay poca gente, hay mucha gente.
Hay contaminación, porque hay industria.
Las playas no son fantásticas, son feas y hay mucha gente.
No es un lugar ideal para escapar del estrés.

6

Lösungsvorschlag:
Querido Jorge:
Saludos de Villafea. El lugar no es bonito, es muy feo. Es una ciudad moderna con casas grandes. Hay mucha gente y mucho tráfico. También hay mucha contaminación, porque hay fábricas. Las playas no son tranquilas. Villafea no me gusta nada.
Saludos, Julia

7

1. está
2. Hay
3. está
4. hay
5. está
6. Hay
7. está

8

- • Perdone, ¿sabe usted si hay una farmacia por aquí?
- ○ Sí. Hay una muy cerca, en la Avenida Goya. Tiene que tomar la primera calle a la derecha y seguir hasta el supermercado. La farmacia está enfrente.

9

1. 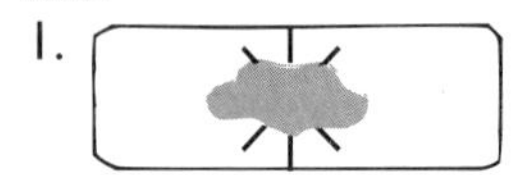

2. 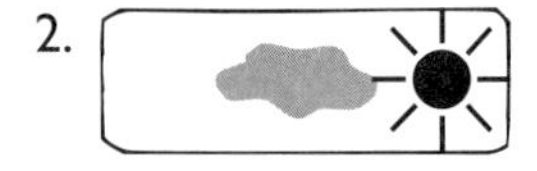

3. 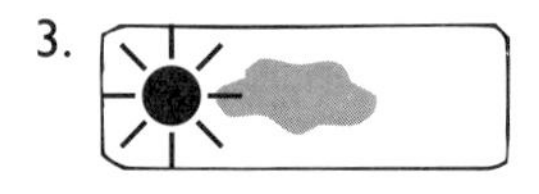

4. 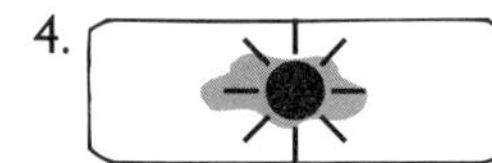

5. 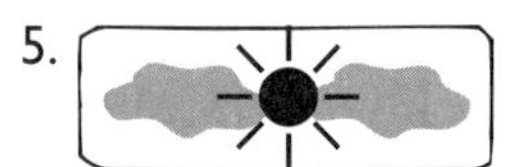

6. 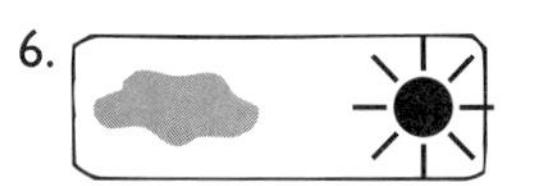

10

a) *Correcto:* 1, 2
Falso: 3, 4, 5

b) *Die fett gedruckten Begriffe sind die Lösungen.*
1. • ¿Dónde está **el Banco de Santander**?
2. • ¿Dónde hay **una farmacia**?
3. • ¿Dónde está **la Universidad**?
4. ○ Sí, **el Hotel Imperial** está cerca, en la Plaza de las Flores.
5. • ¿Dónde está **el Teatro Real**?
6. ○ Entre **la Ópera** y **el Hotel Imperial**.

11

Freie Übung.

12

1. van; Vamos
2. vais; voy, va
3. vas; voy
4. va/vamos; voy/vamos

13

Lösungsvorschlag:
Para ir del museo a la discoteca tiene que tomar el autobús.
Para ir de la Ópera al hospital hay que tomar el metro.
Para ir de la estación al aeropuerto tienes que tomar el tren.
(usw.)

14

Lösungsvorschlag:
2. Tiene que seguir hasta la plaza y torcer a la izquierda.
3. Tiene que tomar la primera calle hasta el cine, torcer a la izquierda y luego torcer a la derecha.
4. Tiene que tomar la primera calle a la derecha y seguir hasta el parque. El hospital está enfrente.

15

Transkription:
- • Hola, Álvaro, ¿qué tal? Soy Julia.
- ○ Hola, Julia, ¿qué tal? ¿Ya estás aquí en La Coruña?
- • Sí, estoy delante de la estación. Y ahora, ¿cómo llego a tu casa?

○ Mira, no está lejos. Estás en la Avenida de San Diego, ¿verdad?
• Sí.
○ Bueno, casi enfrente de la estación empieza la calle Ramón y Cajal. Tienes que seguir la calle Ramón y Cajal hasta la Prolongación Fernández Latorre. Allí está Correos. Tienes que torcer a la izquierda y luego tomar la primera a la derecha. Es la Avenida de Chile. Yo vivo en el número 25, casi al final de la calle. ¿Está claro?
• A ver, entonces tengo que tomar la calle Ramón y Cajal y seguir hasta la Prolongación Fernández Latorre, ¿verdad?
○ Sí, correcto.
• Luego tengo que torcer a la izquierda hasta la Avenida de Chile, y allí torcer a la derecha. Busco el número 25 – y ya estoy en tu casa.
○ Vale, perfecto. Bueno, hasta luego.
• Hasta ahora mismo.

Está en la estación en la Avenida de San Diego. Enfrente de la estación empieza la calle Ramón y Cajal. Tiene que seguir la calle Ramón y Cajal hasta la Prolongación Fernández Latorre. Tiene que torcer a la izquierda y seguir hasta la Avenida de Chile. Allí tiene que torcer a la derecha. Álvaro vive en el número 25, casi al final de la calle.

16

Lösungsvorschlag:
Vamos al restaurante "Andalucía" en la "Tübinger Straße". Hay que seguir la "Marktstrasse" hasta el supermercado y tomar la primera calle a la izquierda. El restaurante está a la derecha, enfrente del aparcamiento.

17

Señor director:
¿Qué pasa con el señor Delgado? El tráfico y el ruido son elementos normales en una ciudad de tres millones de habitantes. La criminalidad es negativa, claro, pero hay criminalidad en todas las ciudades grandes. ¡Y los parques no son pocos! Además, el Parque del Retiro es enorme y me encanta. Madrid es realmente una ciudad fantástica.
Atentamente,
Maribel Donoso

18

Freie Übung.

19

1. 435.789
2. 1.798.600
3. 19.304.032
4. 215.300
5. 1.670.000

20

a) *Transkription:*

Vizcaya	tiene	1.216.692	habitantes
Valladolid	tiene	488.589	habitantes
Zaragoza	tiene	835.980	habitantes
Sevilla	tiene	1.554.490	habitantes
Asturias	tiene	1.135.900	habitantes
Barcelona	tiene	4.719.221	habitantes
Granada	tiene	797.504	habitantes
Alicante	tiene	1.182.940	habitantes
Valencia	tiene	3.231.379	habitantes
Madrid	tiene	4.893.717	habitantes

Falso: Valladolid, Asturias, Granada, Valencia

b)
1. Valencia
2. Granada
3. Vizcaya
4. Asturias
5. Zaragoza
6. Sevilla
7. Alicante
8. Barcelona
9. Valladolid
10. Madrid

21

Transkription:
Seguramente usted no sabe que en España viven 4.730 pensionistas con más de 100 años. Hay 283 teléfonos, 368 televisores y 264 coches por cada 1.000 habitantes.
España tiene 3.904 kilómetros de costa y 2.276 kilómetros de autopista.
Hay 133.000 bares, 50.005 restaurantes, 1.773 cines y 5.062 bibliotecas.
148.717 españoles son médicos y 1.200.000 estudian en la universidad.

22

1. rico – pobre; 2. grande – pequeño;
3. negativo – positivo; 4. ruido – tranquilidad;
5. moderno – antiguo; 6. cerca – lejos;
7. aquí – allí; 8. poco – mucho

23

Lösungsvorschlag:
1. ¿Dónde está Correos?
2. ¿Hay una farmacia por aquí?
3. ¿Dónde está la parada de autobús?
4. ¿Dónde está el Parque García Lorca?
5. ¿Hay un supermercado por aquí?

Lerntip: Wörter, die im Spanischen mit esc-, esp- und est- beginnen, fangen im deutschen mit Sk-, Sp- und St- an.

24

Wörtersammlung.

Unidad 4

1

2d), 3b), 4e), 5a), 6f)

2

profesiones: el taxista, el estudiante, el fotógrafo, el dentista, el cantante
la taxista, la estudiante, la ingeniera, la dentista, la cantante, la pintora, la reportera
lugares: el aparcamiento, el museo, el teatro. la farmacia, la catedral, la Universidad, la estación

3

a) *Lösungsvorschlag:*
Laura Castro Iglesias
c/Roger de Flor, 350
48116 San Sebastián

Santiago Escobar
c/de la Constitución, 89
San José, 1000 Costa Rica

4

a) *Lösungsvorschlag:*
¿Cómo es el restaurante?
¿Quién trabaja allí?
¿Cuántas hijas tienen los Arzak?
¿Cuántos empleados tienen?
¿Qué hacen las hijas?
¿Por qué tiene el restaurante un ambiente especial?

b) Fragewörter tragen immer einen Akzent

5

a) und b) *freie Übungen.*

6

yo: tengo, voy, estoy, estudio
tú: cenas, eres
usted / él / ella: viene
nosotros / -as: estamos, escuchamos
vosotros / -as: habláis, escribís
ustedes / ellos / ellas: son, van

7

Lösungsvorschlag:
Carmen va al teatro.
Pedro viene del museo.
(usw.)

8

Transkription:
- ● Señoras y señores, aquí tenemos una magnífica radio de la marca LAM. Vamos a ver quién de ustedes sabe decirme el precio exacto de este aparato.
- ○ A ver, a ver… Bueno, yo digo 4.700 pts.
- ● Muchas gracias, doña Matilde. Ahora vamos a escuchar la opinión de la señorita Concha. Dígame:
- ▲ Yo creo que la radio vale 5.555 pts.
- ● Muy bien. Ahora usted, don Ramón, ¿cuánto cuesta la radio? Adelante, caballero.
- △ Como máximo, 3.800 pts.
- ● Bueno, vamos a ver quién gana este primer concurso. ¡Atención! El precio real de esta impresionante radio es de 4.285 pts. Así es que la ganadora es la señora Matilde. Enhorabuena. Esperamos que disfrute de esta radio de la marca LAM.
  Pasemos ahora a la segunda ronda. Aquí se puede ganar un precioso televisor de color marca VAP con mando a distancia. Vamos a ver quién gana este aparato último modelo. A ver, ¿cuánto cuesta?
- ○ 125.000 pts.
- ● Y usted, señorita Concha, ¿qué dice usted?
- ▲ 94.850 pts.
- ● Muchas gracias. Vamos a ver lo que dice el caballero. Don Ramón, ¿usted qué dice?
- △ Yo digo que el televisor vale 97.640 pts.
- ● Bien, bien. El ganador de la tele VAP es otra vez la señora Matilde. El precio es de 110.000 pts. Y, por fin, el premio más interesante de todos: un coche fantástico

marca ISA provisto de muchos extras.
Doña Matilde ¿qué dice usted?

○ Yo digo 3.850.000 pts.
● Bien, pasamos ahora a ver lo que dice la Srta. Concha.
▲ Pues, yo digo 5.500.000 pts.
● Don Ramón, usted tiene la última palabra.
△ El coche vale 1.485.000 pts.
● Fantástico, es la cantidad que más se acerca al precio exacto que es de 2.200.000 pts. Se lleva usted, Don Ramón, un magnífico coche a casa. ¡Felicidades!

Radio:
Matilde: 4.700 pts
Concha: 5.555 pts
Ramón: 3.800 pts
Precio real: 4.285 pts

Televisor:
Matilde: 125.000 pts
Concha: 94.850 pts
Ramón: 97.640 pts
Precio real: 110.000 pts

Coche:
Matilde: 3.850.000 pts
Concha: 5.500.000 pts
Ramón: 1.485.000 pts
Precio real: 2.200.000 pts

9

Ramona es secretaria, tiene 29 años y vive en Burgos.
Teresa es profesora, tiene 42 años y vive en León.
Octavio es ingeniero, tiene 35 años y vive también en León.

10

a) *Lösungsvorschlag:*
Letzte Silbe betont: catalán, situación, Brasil, también
Vorletzte Silbe betont: España, gallego, norte, palabras
Drittletzte Silbe betont: Latinoamérica, teléfono, indígena

b) *Freie Übung.*

11

Me gusta ir al cine.
Me gusta el teatro.
Me gustan los tomates.
Me gusta la música española.

Test

1

1c) 4c)
2a) 5b)
3b) 6a)

2

1. Tú 4. Usted
2. Usted 5. Usted
3. Tú 6. Usted

3

1. pequeño 4. detrás de
2. a la izquierda 5. lejos
3. mucho 6. pobre

4

1. hay 5. hay
2. está, está 6. Está
3. Hay 7. hay
4. está

5

1. reportaje
2. reyes
3. guerrilla
4. jefe

6

1. seis mil setecientos ochenta y cinco
2. quinientos cincuenta y cinco
3. setecientos uno
4. novecientos setenta y ocho
5. cien
6. ciento treinta y cinco

7

trabajan; Es; Está; es, habla; trabaja; viven; Van, está

8

1. en, de
2. en, de
3. al, en, a
4. a
5. a, a, en

Unidad 5

1

1. en una frutería
2. en una pescadería
3. en una verdulería
4. en una carnicería
5. en una charcutería
6. en una panadería

2

Transkription:

1. • Buenos días, ¿me pone un kilo de tomates?
   ○ ¿Cómo los quiere?
   • No muy verdes.
   ○ ¿Algo más?
   • Sí, dos kilos de mandarinas. Eso es todo. ¿Cuánto es?
   ○ Son 840 pesetas.
   • Aquí tiene.
   ○ Muchas gracias.
   • Adiós.
2. • ¿Qué desea?
   ○ ¿Tiene queso manchego?
   • Sí, claro. ¿Cuánto quiere?
   ○ Un cuarto, por favor.
3. • Oiga, ¿tiene aceite de oliva?
   ○ Sí. ¿Cómo lo quiere, en lata o en botella?
   • ¿Cuánto cuesta la lata?
   ○ La pequeña 375 pesetas y la grande 620.
   • ¡Es muy cara! Entonces déme la pequeña, por favor.

1.F; 2.F; 3.C; 4.F; 5.C; 6.F

3

queremos; quieren; tiene; quieres; Quiero

4

una lata de tomates
una botella de agua mineral
un paquete de mantequilla
una bolsa de bombones
una caja de galletas
una barra de pan

5

a) *Lösungsvorschlag:*
botella: agua mineral, aceite, vino
bolsa: macarrones, arroz, patatas fritas
caja: galletas, bombones
lata: aceite, cerveza

b) *Freie Übung.*

6

a) 1. 260 Pts.
2. 690 Pts.
3. 580 Pts.
4. 700 Pts.
5. 338 Pts.
6. 690 Pts.

b) *Freie Übung.*

7

Lista de compra:
Sancocho Valleucano:
medio kilo de pollo
1 kg de plátanos verdes y grandes
1/4 kg de patatas grandes
100 g de cebolla
sal
pimienta
perejil

Plátanos con chocolate:
medio kilo de plátanos
100 g de nata
250 g de piña
azúcar
chocolate (rallado)

8

1. lo
2. las
3. la
4. Los
5. lo
6. la, La; la

9

Lösungsvorschlag:
Los tomates (no) los quiero verdes.
El queso (no) lo compro en el supermercado.
Las botellas (no) las compro en el quiosco.
La caja de galletas (no) la pago yo.
La carta (no) la escribo mañana.

10

Lösungsvorschlag (Die fettgedruckten Sätze sind die Lösungen):

• **¿Tiene queso manchego?**
○ Lo siento, manchego no tenemos. Pero tenemos un camembert excelente.

- **No me gusta el camembert. ¿Me pone 250 g de jamón?**
○ Aquí lo tiene. ¿Algo más?
- **Déme medio kilo de tomates y 2 kilos de manzanas.**
○ ¿Las manzanas las quiere verde o rojas?
- **Las quiero rojas, por favor. ¿Cuánto es?**
○ Son 2.800 pesetas.

11

Freie Übung.

12

Entradas: sopa de la casa, calamares fritos, tortilla española
Carnes y Pescados: pollo con gambas, merluza a la plancha, filete con arroz
Postres: helado de vainilla, sorbete de limón, fresas frescas
Bebidas: vino tinto, champán, cerveza, agua mineral

13

Lösungsvorschlag:
- De primero, un gazpacho, por favor, y de segundo, un filete con patatas fritas. Para beber un agua mineral y un café con leche.
○ Para mí merluza, por favor. Para beber yo quiero una botella de vino y de postre un helado de chocolate.

14

Transkription:
- ¿Qué desean tomar?
○ Yo, una ensalada mixta.
▲ Mmmh...Yo voy a tomar una sopa de verduras.
△ Y para mí, un revuelto de champiñones.

- ¿Y de segundo?
△ Yo, un pollo al ajillo.
○ Para mí, merluza a la romana.
▲ Y yo, unas gambas a la plancha.

- ¿Y para beber?
○ Una botella de vino tinto de la casa y una de agua mineral con gas.
△ Ah, y una cerveza muy fría, por favor.

- ¿Desean algo de postre?
○ Sí, para mí un flan.
△ Yo...no quiero nada, gracias.
▲ Pues, yo voy a tomar una macedonia de frutas.

- ¿ Desean tomar café?
○ Sí, para mí un café solo.
▲ Para mí nada, gracias.
△ Para mí un café con leche. ... ¡Ah!, y la cuenta, por favor.
- En seguida, señora.

de primero: ensalada mixta, sopa de verduras, revuelto de champiñones
de segundo: pollo al ajillo, merluza a la romana, gambas a la plancha
de postre: flan, macedonia de frutas
bebidas: vino tinto, cerveza, agua mineral, café solo, café con leche

15

Faltan un plato, una servilleta, dos cuchillos, un tenedor, cuatro cucharas/cucharitas y un vaso.

16

Cliente: 1, 4, 6, 7
Camarero: 2, 3, 5

17

Lösungsvorschlag:
- ¿Quieres un poco más de jamón?
○ No, gracias, ahora no
- ¿Quieres otro plátano?
○ Sí, gracias.
(usw.)

18

Transkription:
1. • ¿Qué te parece el pollo?
   ○ Está muy rico. Es que a mí me encanta el pollo al ajillo.
2. • Esta merluza está buenísima. ¡Qué bien la preparan en este restaurante!
   ○ Pues, la tortilla no me gusta. Está muy salada.
3. • ¿Está rica la sopa?
   ○ No, no me gusta mucho. Está fría.
4. • Así no me gusta la ensalada. Está sosa. No sabe a nada.
   ○ Bueno, aquí tienes sal, vinagre y aceite, si quieres más.

5. ● ¿Te gusta el pollo al limón?
   ○ Normalmente sí, pero éste sabe más a limón que a pollo.
6. ● ¿Nos trae otra ración de champiñones? Están muy buenos.
   ○ ¡Cómo no! Enseguida, señores.

1. pollo al ajillo; sí; le encanta
2. merluza; sí; está buenísimo
   sopa; no; está muy salada
3. sopa; no; está fría
4. ensalada; no; está sosa y tiene muy poca sal
5. pollo al limón; no; sabe más a limón que a pollo
6. champiñones; sí; están muy buenos

19

preferir
yo prefiero
tú prefieres
usted/él/ella prefiere
nosotros/-as preferimos
vosotros/-as preferís
ustedes/ellos/ellas prefieren

20

a) *Lösungsvorschlag:*
   tortilla de patatas
   zumo de naranja
   sopa de verduras
   revuelto de champiñones
   sorbete de limón
   helado de fresa
   pollo a la plancha
   merluza a la romana
   gambas al ajillo
   tarta de manzana

b) *Freie Übung.*

21

1. quieres
2. escribimos
3. tomamos
4. Vivís
5. prefiero
6. Venís; tenemos
7. viene
8. Viven
9. Comemos; comemos, Tenemos

22

Lösungsvorschlag:
En Alemania se desayuna tostadas con mantequilla o mermelada, o también cereales o huevos. Se bebe café o té.
Se almuerza menos tarde que en España, a las doce o a la una. Se toma por ejemplo carne o pescado, verdura y patatas, macarrones o arroz.
Mucha gente cena entre las seis y las siete. Normalmente se toma pan con jamón o queso, no se toma un plato caliente como en España.

23

1. Tengo una casa nueva que está cerca del centro.
2. El cine es un lugar donde se miran películas.
3. Tengo unos amigos alemanes que viven en Ibiza.
4. Trabajo en una empresa que tiene muchos contactos con Latinoamérica.
5. En las vacaciones vamos a un pueblo en Galicia donde viven unos amigos.

24

1. Mantequilla
2. Azúcar
3. Leche
4. Aceite
5. Patatas
6. Arroz
7. Tomate
8. Vino
9. Cerveza
10. Café
11. Huevos
12. Queso

Solución: ¡Que aproveche!

25

Freie Übung.

26

Lösungsvorschlag:
1. ¿Cuánto cuesta la botella de aceite pequeña?
2. ¿Cuánto es todo?
3. ¿Tiene croasanes?
4. ¿Cuánto es?
5. La cuenta, por favor.
6. Camarero, un cuchillo, por favor.
7. Camarero, la sopa está fría.

27

Wörtersammlung.

Unidad 6

1

1. zapato
2. traje
3. chaqueta
4. pantalones
5. falda
6. corbata
7. camisa
8. vestido
9. jersey
10. vaqueros
11. sombrero
12. blusa
13. botas
14. calcetines
15. abrigo

Solución: Prendas de vestir

2

Freie Übung.

3

Lösungsvorschlag:
amarillo; rojo; negro; rosa; azul; gris

4

Lösungsvorschlag:
Es una persona tranquila, un poco tímida, pero no pesimista.

5

1. muchas; frutería
2. muy; frutería
3. muy; zapatería
4. muy; carnicería
5. mucho; panadería
6. mucho; museo
7. muy; pescadería
8. mucho, muy; tienda de modas
9. mucho; librería
10. muchas; zapatería

6

Lösungsvorschlag:

Librería:	libros
Frutería:	manzanas, plátanos, naranjas, melones, fresas
Panadería:	pan, croasanes
Verdulería:	tomates, champiñones, cebollas, patatas
Zapatería:	zapatos, botas
Farmacia:	medicina
Tienda de modas:	chaquetas, pantalones, faldas, camisas
Mercado:	huevos, leche, queso, verdura, fruta, carne, pescado
Pescadería:	pescado, mariscos
Carnicería:	carne, pollo

7

Freie Übung.

8

Lösungsvorschlag:
1 mesa de plástico
zapatos de cuero
jamón
1 vestido amarillo de algodón
5 melones frescos/grandes
6 vasos de cristal
3 filetes grandes
1 falda a rayas de lana
6 cuchillos de plata
1 blusa estampada de seda
1 mesa de cristal

9

Freie Übung.

10

Freie Übung.

11

- Quería unos vaqueros.
- ○ ¿Qué talla necesita?
- La 36.
- ○ ¿De qué color?
- Azul.
- ○ Aquí tengo unos muy bonitos. Tenga.
- Gracias. ¿Dónde están los probadores?
- ○ Allí enfrente... ¿Cómo le quedan?
- Me quedan bastante estrechos.
- ○ Aquí tiene una 38... ¿Qué tal?
- Estos me quedan muy bien, me los llevo. ¿Cuánto cuestan?
- ○ Con la rebaja, 8.900. ¿Paga en efectivo?
- No, con cheque.

12

Lösungsvorschlag:
Quiero este abrigo blanco.
¿Cuánto cuesta este bolso de cuero?
Me llevo este traje gris.
Estos calcetines de lana no me gustan.
Este vestido marrón no me queda bien.
(usw.)

13

1. Ese
2. Esta
3. estas
4. Estos, esos
5. este
6. ese, éste

14

Transkription:

1. • ¿Te gustan estas gafas?
   ○ Sí, te quedan superbien.
2. • Lola, ¿te gustan las naranjas?
   ○ Pues no, no me gustan nada.
3. • Señor Juárez, ¿qué le parece este libro?
   ○ Pues, no sé, no es muy interesante.
4. • Mira el vestido nuevo de Emilia. Le queda muy bien, ¿no?
   ○ Sí, es verdad. Es precioso.
5. • Niños, ¿qué profesiones os gustan?
   ○ A mí, cantante de ópera.
   △ Pues a nosotros no, no nos gusta la música clásica.
6. • Señora, ¿qué tal le queda la chaqueta?
   ○ No sé, es un poco grande. ¿No tiene una talla más pequeña?
7. • Mira, éstas son Mónica y Julia. Les gusta muchísimo bailar salsa.
   ○ Ah, ¡qué bien! A mí también. ¿Les preguntamos si vamos al *Zapata* a bailar el sábado?
   • Sí, estupendo.
8. • Mamá, tenemos sed. ¿Nos compras una coca cola?
   ○ No, ahora no. Volvemos a casa ahora mismo.

1. te; 2. te; me; 3. le; 4. Le; 5. os; nos;
6. le; 7. les, Les; 8. Nos

15

Lösungsvorschlag:

Este abrigo marrón es bastante barato.
Estos zapatos grises me quedan muy grandes.
(usw.)

16

Arriba, de izquierda a derecha:
Marta, Eduardo, la señora Solano
Abajo, de izquierda a derecha:
El señor Galindo, el señor Peralta, Begoña, el señor Sepúlveda

Lerntip:

poder	*probar*	*costar*
puedo	pruebo	
puedes	pruebas	
puede	prueba	cuesta
podemos	probamos	
podéis	probáis	
pueden	prueban	cuestan

17

podemos; cuesta; poder; encuentras; probáis
encuentran; cuestan; probamos; puedo; encuentra
probar; podéis; costar; puedes; encontráis
prueba; encontramos; prueban; encuentro; pruebo
puede; encontrar; pruebas; pueden

18

Lösungsvorschlag:

1. • Buenos días. Quiero una blusa.
2. • La 38.
3. • No me gusta el azul. Prefiero el rojo.
4. • ¿Dónde están los probadores?
5. • Me queda bien. ¿Cuánto cuesta?
6. • Es demasiado cara. ¿Tiene una más barata?
7. • Muchas gracias. Me la llevo.
8. • Con cheque.

19

Freie Übung.

20

Lösungsvorschlag

a) *A Ernesto le gusta:* La música clásica, leer novelas históricas, la historia antigua, la cocina japonesa
A Ernesto no le gustan: Los gatos
A Caridad le gusta: La música moderna y el jazz, leer, los pueblos antiguos, los perros, la cocina china, todas las cocinas orientales
A Caridad no le gusta: La música clásica, los gatos

b) *Freie Übung.*

c) *Freiwillige Aufgabe.*

21

Lösungsvorschlag:

1. Quiero comprar un traje.

2. ¿Este jersey es de lana?
3. ¿Dónde están los probadores?
4. Esto me queda demasiado grande / pequeño / ancho / estrecho.
5. ¿Cuánto cuesta?
6. Quiero una camisa, una corbata y un par de calcetines.
7. ¿Tiene esta camisa en otro color?
8. Quiero pagar con tarjeta de crédito.

22

Lösungsvorschlag:
Los españoles gastan más en alimentos que en las otras cosas de la estadística.
El grupo de la salud es el menos importante.
Gastan más en vivienda que en cultura.
Gastan casi tanto en bares y viajes como en transportes.
Para los españoles los muebles no son tan importantes como la ropa.
(usw.)

23

Lösungsvorschlag:
Alemania tiene más habitantes que España.
En España hay menos coches que en Alemania.
La capital de Alemania tiene casi tantos habitantes como la capital de España.
(usw.)

24

Lösungsvorschlag:
El ordenador H2X13 Turbo és más caro que el UX 34.
El UX 34 es menos grande que el H2X13 Turbo.
Los vaqueros de Japón son menos caros que los vaqueros Cowboy.
Los vaqueros Cowboy tienen más algodón que los vaqueros de Japón.
El Seat es más nuevo que el Mercedes.
El Mercedes tiene más kilómetros que el Seat.
El Seat es más caro que el Mercedes.

25

Lösungsvorschlag:
1. En las tiendas de solidaridad se venden por ejemplo instrumentos musicales de Camerún, miel mexicana, cacao boliviano, cerámica quechua, libros, discos, jerseys, hamacas.
2. Se llaman tiendas de solidaridad porque, además de vender, organizan proyectos de coorporación y otras actividades para ayudar a los llamados países del Tercer Mundo.
3. Su sistema comercial es diferente porque hay menos burocracia.
4. Estas tiendas usan los beneficios para apoyar programas de desarrollo en el Tercer Mundo.
5. Comprar en estas tiendas es un doble regalo porque le gusta a la persona que lo recibe y ayuda a las personas que lo producen.

26

Unabhängigkeit = independencia
Gehalt = salario
gerecht = justo
Dritte Welt = Tercer Mundo
Umwelt = Medio Ambiente
Betrieb = empresa
Arbeitsbedingungen = condiciones de trabajo

27

Wörtersammlung.

Unidad 7

1

1. Matrimonio
2. Padres
3. Familia
4. Soltero
5. Casado

2

1. padres
2. mujer
3. hermano
4. hermana
5. madre
6. hijo
7. sobrina
8. tía
9. primo

3

a) und b) *Freie Übungen.*

4

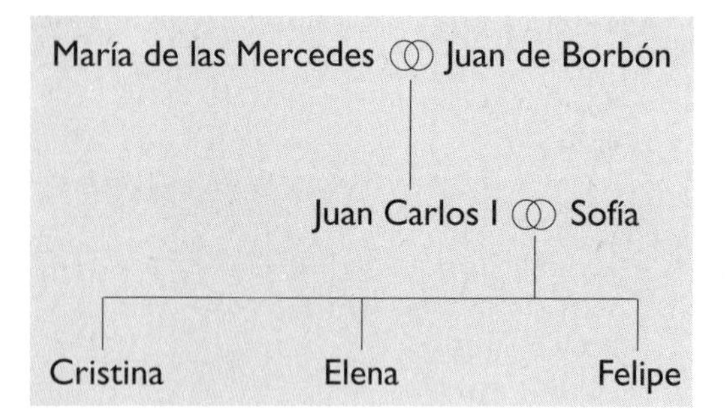

5

Transkription:

1. • Los Albiol, ¿tienen hijos?
   ○ Sí, tienen un bebé, Robertito. Es precioso.
2. • Mira, Cecilia, ¿conoces a este hombre?
   ○ ¿A quién? ... No, no lo conozco. ¿Quién es?
   △ Es Luis Manuel, el cantante.
3. • ¿Vosotros visitáis a los abuelos?
   ○ Sí, sí, una vez al mes. Nos encanta estar con ellos, pero
   viven tan lejos.
4. • Buenos días. Necesito unos vaqueros muy cómodos, por favor.
   ○ Aquí tenemos éstos, señor. ¿Le gustan?
5. • ¡Qué horror! ¿Cómo funciona este vídeo? Nunca entiendo las
   instrucciones de los aparatos.
   ○ Yo tampoco. ¿Por qué no llamamos a tu hermana? Ella sabe
   de estas cosas.
6. • ¡Cuánta gente! ¿Ves a Eugenia?
   ○ No, no la veo.
7. • ¿A quién quieres más, a tu mamá o a tu papá?
   ○ A los dos.
   • Huy, ¡qué niño tan diplomático!
8. • ¿Ya conoces París?
   ○ Claro. Es una ciudad preciosa. ...¿Y tú?

1. –; –. 2. a; A. 3. a. 4. –; –.
5. –; a. 6. a. 7. A, a, a; A. 8. –

6

a) *la madre de tu padre:* Es mi abuela.
la mujer de tu tío: Es mi tía.
el único nieto de tu abuelo: Soy yo.
el padre de tu sobrino: Es mi hermano o cuñado.

b) *Freie Übung.*

7

Solución: Felicidades

8

a) La foto número 2 corresponde a la descripción.

b) *Lösungsvorschlag:*
Carta para foto 1:
Me llamo Victoria Alonso Bueno, tengo 38 años y trabajo como secretaria. Tengo el pelo marrón y muy corto y los ojos azules. Soy delgada y alta (1,72).
Soy muy deportista, mi deporte preferido es ir en bicicleta.
Me gusta el jazz y mi color preferido es el verde. Hablo cuatro idiomas. Soy optimista y muy activa. Me gusta mucho trabajar con gente.
Por eso creo que soy su modelo ideal.

9

Freie Übung.

10

1. Felipe Gil es una persona un poco tímida.
2. Ana Cruz Guerra está muy enamorada de Roberto.
3. Este pollo está un poco salado.
4. Casares está en la provincia de Málaga.
5. Madrid, en cambio, está en el centro de España.
6. Juan Mari Arzak es un "artista de la cocina".
7. Su restaurante está en el centro de San Sebastián.
8. Este gazpacho está muy rico.
9. La paella valenciana es un plato típico de la costa.

11

Lösungsvorschlag:
Margarita Sara Pease de Görrissen tiene 47 años *(abhängig vom Zeitpunkt der Lösung)*. No es muy alta (1,62 m). Sus ojos son de color café (marrón) y tiene el pelo castaño. Está casada. No tiene señas particulares.

12

2. ¿Todavía no habéis hablado con vuestra mamá?

3. Este año yo he conocido a una mujer maravillosa.
4. Muchos jubilados siempre han vivido para su trabajo.
5. A mi suegro no le ha gustado nunca su trabajo.
6. Mi hermano y yo hemos perdido el contacto con nuestro padre.

13

1. ha salido
2. ha dejado
3. He descansado, he tomado, (he) leído
4. Has/Ha estado
5. ha encontrado
6. ha gustado

14

1. Últimamente he trabajado mucho.
2. ¿Has estado en España una vez? ¿Has estado una vez en España?
3. Mis padres no han viajado mucho.
4. No he comido nunca en un restaurante japonés.
5. Juan se ha enamorado de una compañera de trabajo.
6. A Pedro no le ha gustado nunca su trabajo.

15

Lösungsvorschlag:
¡Hoy ha sido un día muy activo y emocionante! Primero he pasado por las Ramblas. Luego he ido al Barrio Gótico. He tomado un café en la Plaza de Catalunya y después he comprado zapatos en el Paseo de Gracia donde más tarde he tomado tapas en un bar. Luego he subido al Montjuich para ver el Estadio Olímpico del 92. También he pasado por la Casa Batlló.
A las nueve he cenado en el Puerto.

16

Freie Übung.

17

a) *Palabras relacionadas con la familia:* padre, madre, hijas, hijo, hija menor, hermana mayor, mamá.

b) *Padre de Tita:* muere de un infarto poco después del nacimiento de Tita.
Madre de Tita, Mamá Elena: vive sola con sus hijas, muy dominante.
Tita: hija menor, pasa los días en la cocina, no puede casarse, está enamorada de Pedro.
Gertrudis: se va con un revolucionario.
Rosaura: hermana mayor, mujer de Pedro, viven en casa de Mamá Elena.
Pedro: hijo de un vecino, enamorado de Tita, se casa con Rosaura para estar cerca de Tita.

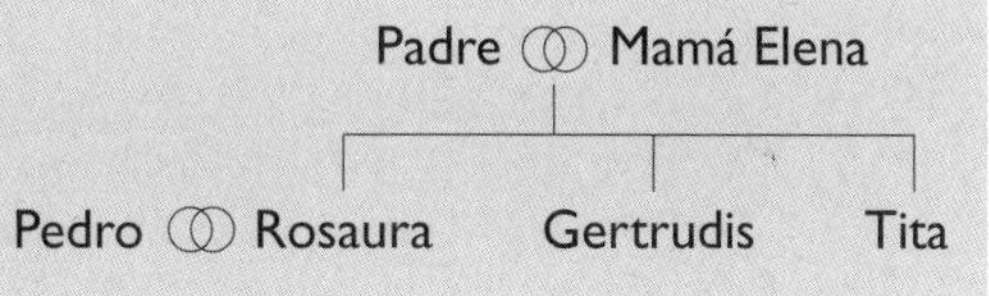

18

Wörtersammlung.

Unidad 8

1

a) *Magnus:* 1, 2, 6
Fridolina: 3, 4, 5

b)–d) *Freie Übungen.*

2

piensan: pensar
eres: ser
queremos: querer
estoy: estar
viven: vivir
conozco: conocer
preferís: preferir
ayudamos: ayudar
piden: pedir
buscas: buscar
abrimos: abrir
puede: poder
soy: ser

3

1. Spätzle
2. Apfelstrudel
3. Rollmops
4. Kartoffelsalat
5. Labskaus

4

a) *Transkription:*

- Buenos días, señoras y señores. Como cada día, nuestro cocinero, el señor Felipe Jáuregui, va a presentarnos una de sus maravillosas recetas. A ver, señor Jáuregui ¿qué nos va a preparar hoy?
- ○ Pues, en agosto, con este calor que tenemos, lo mejor es un buen gazpacho. Es una auténtica bomba de vitaminas, muy refrescante y fácil de hacer.
- ¿Y qué ingredientes necesitamos para preparar un buen gazpacho? Queridos radioyentes, ¿tienen un papel y un lápiz? Apunten pues: como siempre, nuestros platos están pensados para cuatro personas, no lo olviden.
- ○ Bien, necesitamos 3 tomates grandes, 3 pimientos verdes, 1 pepino, 1 cebolla, 4 dientes de ajo, 300 gramos de pan, 3 cucharadas de aceite y 3 de vinagre, 3/4 l de agua fría y por supuesto, sal.
- ¿Lo han apuntado todo? Tomates, pepino, cebolla, pimiento, pan, ajo. Como ven, casi todo verduras. Muy sano y muy bueno para la figura. ¿Qué hay que hacer ahora, Sr. Jáuregui?
- ○ Primero se cortan todas las verduras en trocitos y se ponen en la batidora. Después se añade el pan, el agua, el aceite y el vinagre. Luego se hace un puré. Y para terminar la sal y, si quiere, un poco de orégano. Se sirve muy frío. ¡Qué aproveche!
- Muchísimas gracias, señor Jaúregui. Seguro que es un plato delicioso y, como ven, muy fácil. Creo que yo voy a hacerlo hoy mismo. Ustedes, como ya saben, si desean recibir por correo la receta de hoy, pueden escribirnos una postal al apartado 80808 de Madrid.

Ingredientes: tomates, pimientos, pepino, cebolla, ajo, pan, aceite, vinagre, agua, sal, pimienta, orégano

b)
1. Cortar los ingredientes en trozos.
2. Añadir el aceite, el vinagre y el agua.
3. Hacer un puré con la batidora.
4. Poner sal, pimienta y orégano.
5. Servir muy frío.

5

Freie Übung.

6

a) *Lösungsvorschlag:*
Me llevo unos vaqueros, un jersey de lana, una blusa de algodón y una falda, un vestido elegante, botas y zapatos, un abrigo y un paraguas.

b) *Freie Übung.*

7

Freie Übung.

8

su; su; Nuestra, mi, mi, mis; nuestro; sus; mi (nuestra); mi; nuestra; sus; Su; nuestra; nuestro; su

9

a) Tienen 2 hijas y 3 hijos.

b) *Freie Übung.*

10

gordo – ancho – estrecho – negro – blanco – frío – caliente – simpático – antipático – nunca – siempre – bonito – feo – mayor – menor – soso – picante – grande – pequeño – viejo – joven – corto – largo – soltero – casado – bajo – alto – rubio – moreno – tranquilo – dinámico – delgado

11

a) *Freie Übung.*

b) *actitud:* Verhalten
espectáculo: Aufführung
participación: Teilnahme
planificado: geplant
capacidad: Fähigkeit
tiempo libre: Freizeit
decidir: entscheiden
oferta: Sonderangebot
ahorro: Sparen

c) *Correcto:* 1
Falso: 2, 3

d) *Freie Übung.*

Test

1

1b); 2c); 3c); 4a); 5c); 6b)

2

1. muy
2. mucho
3. muy
4. mucho
5. mucho

3

zapatería; macedonia; lana; estampado; ojo

4

largo – corto
ancho – estrecho
guapo – feo
grande – pequeño
bajo – alto
delgado – gordo

Unidad 9

1

1. me ducho
2. Nos acostamos
3. Te levantas
4. relajaros
5. se despierta; se despiertan

2

Transkription:

- Buenos días, estimados radioyentes. Seguimos con nuestro programa "En la calle". La pregunta de hoy es: ¿Cómo pasa usted el tiempo? Estamos en Madrid, en la Puerta del Sol y vamos a preguntar a unos transeúntes.
  A ver, tú, chaval, ¿cómo te llamas?
- ○ Tomás.
- Muy bien, Tomás, ¿cuántos años tienes?
- ○ Catorce.
- Cuéntame algo de tu vida de cada día. ¿Cómo pasas tú el día?
- ○ Bueno, voy al colegio ... Vamos, me levanto temprano...
- ¿A qué hora?
- ○ A las siete. Preparo mis cosas para las clases y me voy al cole en autobús.
- ¿No te duchas?
- ○ Bueno, pues mire, no todos los días, pero claro que me lavo la cara, los dientes... Y eso lo hago todos los días, menos los fines de semana.
- ¿Eh? ¿Cómo?
- ○ No, no, quiero decir que no voy a la escuela, los fines de semana no voy a la escuela.
- Ah, claro, claro.

- Y tú, ¿cómo te llamas?
- ○ Juan, Juan Moreno Peralta.
- Juan, ¿cómo pasas tú la semana?
- ○ Bueno, trabajo en una clínica por las noches, en el hospital Ramón y Cajal que está por... ya sabes dónde te digo, ¿no?
- Sí, sí, sí.
- ○ Pues, así que me acuesto a las 5 ó 6 de la mañana y, claro, me levanto tarde. A veces me despierto cuando mi mujer y mis hijos se levantan. Ellos tienen que levantarse temprano, ¿sabes? Pero luego vuelvo a dormirme, y a veces no me levanto hasta el mediodía.

- Oye, ¿nos dices tu nombre?
- ○ Sí, me llamo Inés.
- Bueno, Inés, ¿vives con tu familia todavía?
- ○ Sí, sí, con mis padres.
- ¿Y qué tal? ¿Te va bien?
- ○ Bueno, hombre, siempre hay algún problema.
- ¿De qué tipo?
- ○ Pues mira, si llego a casa un poquito tarde ya hay discusiones. Es que no me entienden. Si me acuesto tarde es asunto mío, ¿verdad?
- ¿Y tus padres? ¿Cómo reaccionan?
- ○ Pues casi siempre me esperan. Y, como te digo, llego y hay discusiones. No entiendo por qué no se acuestan antes y me dejan en paz, ¿no te parece?

Lösungsvorschlag:

1. Tomás no se ducha todos los días pero se lava.
2. Se levanta temprano, a las siete.
3. Los fines de semana no va al colegio.
4. El hombre que trabaja en la clínica se llama Juan.

5. Se acuesta a las 5 ó 6 de la mañana.
6. Su mujer y sus hijos se levantan temprano.
7. Inés frecuentemente se acuesta tarde.
8. Sus padres siempre la esperan y por eso se acuestan tarde también.

3

Lösungsvorschlag:
Los días laborables las tiendas abren a las nueve de la mañana y cierran a las seis y media de la tarde. Algunas están abiertas hasta las ocho. Los sábados cierran a las dos o a las cuatro. El primer sábado del mes están abiertas hasta las cuatro o hasta las seis.
Los bancos abren a las 8 y cierran a las 4.
Los niños van al colegio a las siete y media o a las ocho menos cuarto.
La gente almuerza normalmente a las doce o a la una.
Las noticias en la tele empiezan a las siete de la tarde.

4

Madrid:	son las dos menos cuarto (de la tarde)
Honolulu:	son las tres menos cuarto (de la mañana)
Los Ángeles:	son las seis menos cuarto (de la mañana)
Nueva York:	son las nueve menos cuarto (de la mañana)
Río de Janeiro:	son las diez menos cuarto (de la mañana)
París:	son las tres menos cuarto (de la tarde)
Moscú:	son las cinco menos cuarto (de la tarde)
Hongkong:	son las diez menos cuarto (de la noche)
Tokio:	son las once menos cuarto (de la noche)
Sydney:	es la una menos cuarto (de la noche)

5

Transkription:
1. 22 horas, 55 minutos, 6 segundos
2. Cine Multisalas
   Sala 1: Un lugar en el mundo. Pases: A las 16, 18.30, 21 y 23,30 horas.
   Sala 2: Casablanca, versión original subtitulada. Pases: A las 18, 20 y 22 horas.
3. Teatro Albéniz. Festival Ópera Mozart: Don Giovanni. Días 13 y 15, a las 20 horas.
4. Festival de Música de Cámara. Obras de Rodrigo y de Falla. Día 16, a las 12 horas.
5. Conciertos de Rock
   Celtas Cortos, Día 15, a las 19.30 horas.
   Peter Gabriel, Día 16, 18.30 horas.

Teléfono: 22 horas, 55 minutos, 6 segundo
Cine: Sala 1: 16, 18h30, 21 y 23,30 horas;
Sala 2: 18, 20 y 22 horas
Concierto: día 16: 12 horas
Ópera: días 13 y 15: 20 horas
Rock: día 15: 19h30; día 16: 18h30

6

Lösungsvorschlag:
Los fines de semana normalmente me despierto tarde.
Nunca almuerzo los sábados pero tomo un buen desayuno.
(usw.)

7

a) *Lösungsvorschlag:*
Juana, Carlos y Bernardo no han hecho los trabajos domésticos durante toda la semana. Se han levantado tarde y no han hecho las camas. Para comer no han puesto la mesa. Nunca han lavado los platos. No han comido fruta y verduras, solamente han comido hamburguesas y han fumado mucho. Han leído comics y nunca han hecho sus deberes. Han visto la tele muchas veces/ continuamente.

b) *Lösungsvorschlag:*
Los chicos no han ordenado la ropa. No han hecho las camas. Han puesto las botas en la cama. Han visto la tele. Han comido hamburguesas y pollo. Han bebido vino y cerveza. Han escuchado casetes de música. Han leído comics. No es posible entrar en la cocina. Los chicos no han sacado la basura, y todos los restos de la comida están en el suelo. No han lavado los platos y ya no hay tazas y platos limpios.

8

Freie Übung.

9

poner	*salir*
pongo	salgo
pones	sales
pone	sale
ponemos	salimos
ponéis	salís
ponen	salen

10

a) Levantarse 6h30
Despertar a los niños 7h
Preparar el desayuno 7h15
Llevar los niños a la escuela 7h45
Ir de compras
Hacer las camas
Poner la mesa
Preparar la comida 14h
Lavar los platos
Acostar a los niños 20h

b) Se ha levantado a las seis y media.
A las siete ha despertado a los niños y ha preparado el desayuno a las siete y cuarto.
Ha llevado a los niños a la escuela a las ocho menos cuarto.
Después ha ido de compras.
Ha hecho las camas.
Ha puesto la mesa.
A las dos ha preparado la comida.
Después de la comida ha lavado los platos.
A las ocho ha acostado a los niños.

11

a) *Lösungsvorschlag:*
1. Antes del desayuno siempre abro la ventana.
2. Los sábados normalmente juego al tenis.

(usw.)

b) *Lösungsvorschlag:*
1. Esta semana no he desayunado en casa.
2. Este sábado he visitado a mis abuelos.

(usw.)

12

Lösungsvorschlag:
Querido amigo:
Hoy ha sido mi primer día de trabajo. Me he levantado a las 4. Antes de abrir la panadería a las 7 he hecho el pan y lo he puesto en el horno. Durante la tarde he preparado pasteles y tartas. He vendido mucho. Antes de terminar el trabajo a las 6 y media he limpiado la tienda. Después de llegar a casa me he duchado y he salido con unos amigos.
Muchos saludos, Felipe.

13

a) El señor es político.

b) *Lösungsvorschlag:*
Se levanta a las seis y media.
Hace footing...
desayuna con su mujer.
llama a su chófer...
lee periódicos y revistas.
tiene una reunión...
va al restaurante para almorzar.
hace yoga
duerme la siesta
inaugura un edificio público
tiene una reunión
toma una copa...
va al restaurante
tiene una cena de trabajo
regresa a casa

14

Lösungsvorschlag:
whiskey irlandés, chocolate belga, queso holandés, vino francés, jamón español, pasta italiana, relojes suizos, té inglés, tequila mexicana, instrumentos africanos, ponchos bolivianos

15

Correcto: 1, 3, 5, 6
Falso: 2, 4, 7

16

Freie Übung.

17

Freie Übung.

18

Lösungsvorschlag (die fett gedruckten Sätze sind die Lösungen):
- **Perdone, ¿qué hora es?**
- ○ Son las cinco.
- **Ah, gracias. ¿Y a qué hora abren los bancos?**

○ A las 4 y cierran las 6.
● **¿Hay un banco cerca de aquí?**
○ Sí, sí, la Caja de Ahorros está muy cerca, en la próxima calle a la derecha.
● **Muchas gracias, señor/a. Adiós.**
○ ¡Hombre! ¡No hay de qué! Adiós.

19

a) innere Uhr – reloj interno
einverstanden sein – estar de acuerdo
Montagssyndrom – síndrome de los lunes
Biorhythmus – ritmo biológico
ausgleichen – compensar
Wochenende – fin de semana
der Wecker klingelt – el despertador suena

b) *Freie Übung.*

20

Wörtersammlung

Unidad 10

Lösungsvorschlag:
Muchos; casi todos / todos; algunos;
La mayoría; Muchos; casi todos; la mayoría/ muchos; nadie

2

Lösungsvorschlag:
Una mujer está mirando desde un balcón qué está pasando en la calle. Dos chicas están paseandose y están charlando / discutiendo. Un chico está tocando la guitarra delante del banco. Otro chico está bebiendo algo. Un hombre que lleva un traje negro está llamando por teléfono desde un teléfono portátil/ móvil. Un turista que lleva una cámara está escuchando al chico de la guitarra. Tres chicos están jugando al fútbol. Otro niño está pintando algo en la pared. A su derecha está durmiendo un hombre viejo que pide dinero a la gente. Un hombre que lleva bigote está saliendo de un bar. Entre el bar y la cafetería hay una cabina de teléfonos donde un hombre con gafas de sol está llamando por teléfono. En la cafetería dos amigas están charlando. Un hombre en la calle está leyendo un periódico.

3

Lösungsvorschlag:
1. El señor está cruzando la calle/está saliendo del banco.
2. Está trabajando como mecánico.
3. Está trabajando como enfermera.
4. Está trabajando en ordenador.
5. La profesora está escribiendo algo.
6. Está escribiendo una receta/una lista de compras.

4

a) *Transkription:*
Estimados clientes: Hasta el 30 de noviembre hay ofertas sensacionales en las "Galerías Quebradas":
En la segunda planta en la sección de alimentación, les están esperando las frutas más selectas de todo el mundo: Venga y pruebe las jugosas mandarinas de la China, las aromáticas uvas de Chile, las piñas exóticas de Costa Rica, los excelentes plátanos de Colombia, y las exquisitas fresas, ¡naturalmente de nuestros famosos campos españoles!
Si suben a la tercera planta pueden visitar nuestra exposición de alta tecnología. Ponemos a su disposición una amplia selección de informática, además de vídeos y televisores, teléfonos de todo tipo, también móviles, contestadores automáticos, fax y las más modernas cámaras fotográficas.
La última moda en la primera: Conjuntos elegantes; trajes y vestidos de noche de nuestros diseñadores exclusivos, pero también lo más actual en ropa de cuero, vaqueros y moda para jóvenes.
Y después de las compras, para descansar, visite nuestra cafetería-restaurante en la cuarta planta. Hoy les ofrecemos un exquisito menú que consta de ensalada o sopa de verduras, pollo con gambas o merluza a la plancha y, como postre, flan o fruta del tiempo.

1ª planta: moda de primavera, trajes y vestidos de noche, ropa de cuero, vaqueros y moda para jóvenes
2ª planta: mandarinas de China, uvas de Chile, piñas de Costa Rica, plátanos de Colombia y fresas de España
3ª planta: una selección de informática,

vídeos, televisores, teléfonos, móviles, contestadores automáticos, faxes y cámaras fotográficas
4ª planta: Se puede comer un menú con ensalada o sopa de verduras, pollo con gambas o merluza a la plancha y como postre flan o fruta del tiempo.

5

Lösungsvorschlag:
1. Sale a las diez.
2. Llega a las trece y treinta/a la una y media.
3. Llega a Badajoz a las quince y treinta y cinco/a las cuatro menos veinticinco.
4. Tengo que tomar el tren que sale a las doce y cuarenta y cinco /a la una menos cuarto para llegar puntualmente.

6

Lösungsvorschlag (Die fett gedruckten Sätze sind die Lösungen):
- **Un billete de Madrid a Sevilla, por favor.**
- ¿Sólo ida?
- **No, ida y vuelta.**
- ¿Y cuando quiere viajar?
- **Mañana por la mañana.**
- Pues mire, hay dos trenes, el Rápido y el AVE, ...
- **¿A qué hora sale el AVE?**
- Mire, hay uno cada hora a partir de las 7h30, o sea a las 8h30, a las 9h30...
- **Pues, un billete para el AVE a las ocho y media, por favor.**
- Muy bien, señor/-a. ¿Y la vuelta?
- **Tengo que llegar a Madrid a las nueve.**
- A ver, entonces le recomiendo el AVE que sale a las 6h15 de Sevilla. Llega a Madrid a las 8h45.
- **Muchas gracias. Adiós.**
- De nada. Adiós, hasta luego.

7

Lösungsvorschlag (Die fett gedruckten Sätze sind die Lösungen):
1. • ¿Dígame?
   ○ **¿Está Laura (en casa)?**
2. • ¿Está José María?
   ○ **Sí, soy yo.**
3. • La señora Orozco, por favor.
   ○ **¿De parte de quién?**
4. • Taxi, por favor.
   ○ **Se ha equivocado de número.**

8

Lösungsvorschlag (Die fett gedruckten Sätze sind die Lösungen):
¿Tomamos una copa después de la clase? – **Vale, de acuerdo.**
¿Por qué no vienes a casa y charlamos un poco? – **Es que ahora no tengo tiempo. Mejor un poco más tarde. ¿Qué tal a las nueve?**
(usw.)

9

Lösungsvorschlag:
Lo siento, hoy no puedo, es que tengo una cita. ¿Por qué no vamos el sábado?
(usw.)

10

1. a; al, con
2. a, conmigo; A; en; De
3. en, por
4. en, a; por; contigo

11

a) *Transkription:*
- • Oye, Juan, ¿qué hacéis el fin de semana?
- ○ No sé, no hemos pensado en nada especial. ¿Por qué?
- • ¿Por qué no vamos de excursión juntos, vosotros y yo?
- ▲ ¡Qué buena idea! ¿Y adónde vamos?
- • A Granada, ¿qué os parece? Yo hace tiempo que no voy.
- ▲ Estupendo. ¿Y cuándo salimos?
- • El viernes por la noche, ¿no?
- ○ Mejor el sábado por la mañana. Es que tengo clase hasta las 9 el viernes.
- • Ah, claro. ... Entonces, sólo podemos el sábado y el domingo.
- ▲ Bueno, pero podemos irnos temprano el sábado para aprovechar. ¿Qué tal a las ocho?
- ○ ¡Uf! Un poco pronto para ser sábado. ... Pero vale. ¿Y cómo vamos a ir? ¿En tren?
- • No, alquilamos un coche. Es más cómodo y más rápido.
- ▲ Pero es muy caro. Es fin de mes...
- ○ ¿Sabéis qué? Voy a preguntarle a mi padre si nos deja el coche. Los fines de semana no lo usa nunca.
- ▲ ¡Eso sí que sería estupendo! Así sólo pagamos la gasolina. Y ¿qué vamos a

hacer en Granada?
○ Hombre, María, vamos a visitar la Alhambra, como lo hace todo el mundo.
● Y el Sacromonte, el barrio de Albaicín y vamos a pasear por toda la ciudad...
○ Y vamos a comer algo muy rico. En el centro hay unos restaurantes buenísimos.
▲ Perfecto, el plan me parece muy, muy bien. Pero, ¿ dónde nos quedamos a dormir? Los hoteles están carísimos en esta temporada y como no tenemos mucho dinero...
○ ¿Por qué no hacemos cámping?
● De acuerdo. Sale más barato y es más divertido. Bueno, hecho. Vamos a Granada el fin de semana.
▲ ¡Qué bien! ¡Qué ilusión!

Son tres personas.
Van a ir a Granada.
El sábado a las ocho.
Quieren tomar el coche del padre de Juan.
Van a visitar la Alhambra, el Sacromonte y el barrio de Albaicín. Van a pasear por toda la ciudad y van a comer muy rico en un restaurante buenísimo.
Van a hacer cámping.

b) *Freie Übung.*

c) *Freie Übung.*

12

1. comida, 2. radio, 3. excursión, 4. dulces, 5. grupos de autoayuda, 6. viajar, 7. amigos

13

a) *Lösungsvorschlag:*
No puede ir en bicicleta pero puede ver la tele.
No puede bailar pero puede leer un libro.
No puede jugar al tenis pero puede mirar fotos.
(usw.)

b) ● ¿Sabes esquiar?
○ Sí, claro.
● ¿Vamos a los Pirineos el fin de semana?
○ ¡Qué pena! Este fin de semana no puedo. Es que tengo clase de español.

14

a) *Lösungsvorschlag:*
1. Llegar puntual al trabajo.
3. Aprender los nombres de los colegas.
7. Organizar bien el trabajo.
8. Comer con los colegas en la cantina.

b) 1. Llegue puntual a su trabajo.
2. Lleve su vestido/traje más elegante.
3. Aprenda los nombres de sus colegas.
4. Hable mucho de su vida privada.
5. Invite a sus colegas a tomar una botella de champán.
6. Pregunte por el sueldo de sus colegas.
7. Organice bien su trabajo.
8. Coma con sus colegas en la cantina.

c) *Lösungsvorschlag:*
1. Llega puntual a tu trabajo.
2. Lleva tu traje más elegante/mejor.
3. Aprende los nombres de tus colegas.
4. Organiza bien tu trabajo.
5. Come con tus colegas en la cantina.

15

Escribe cartas en español a tu profesor/-a.
Busca material en español de tu ciudad.
Viaja a un país hispanohablante.
Escucha canciones españolas o latinoamericanas.
Compra un diccionario.
Escucha las casetes de Caminos.

16

a) *Übung zum Leseverstehen.*

b) *Freie Übung.*

c) *Freie Übung.*

17

Wörtersammlung.

Unidad 11

1

a) *Lösungsvorschlag:*
En las vacaciones me levanto más tarde.
Me encuentro con mis amigos frecuentemente.

Salgo de excursión en bicicleta.
(usw.)

b) *Freie Übung.*

2

a) 1. Lupe va a ver una película en el cine el sábado. El domingo va a bailar en una discoteca.
2. Elena va a ir al teatro el sábado. El domingo va a ir al zoo.
3. Jaime va a hacer una excursión el sábado. El domingo va a ir al zoo.
4. Emilia va a hacer una excursión con Jaime el sábado. El domingo va a bailar en una discoteca.
5. Rafa va a ir al teatro el sábado. El domingo va a visitar a sus padres.

b) *Freie Übung.*

3

a) *Lösungsvorschlag:*
Pienso ir a Mallorca en verano para descansar y tomar el sol.
Prefiero el cámping y me gusta hacer excursiones en bicicleta.
Pienso ir a Sevilla en mayo para aprender español y visitar a unos amigos.
(usw.)

b) *Freie Übung.*

c) *Freie Übung.*

4

Meses con 31 días:
enero, marzo, mayo, julio, agosto, octubre y diciembre

5

arquitectura colonial: Cartagena de Indias
arte románico: Valle de Bohí en los Pirineos
cultura maya: Tikal en Guatemala
playas inmensas, ron: Cuba
cultura árabe: Granada

6

1. Cartagenas de Indias, famosa por su espléndida arquitectura colonial. **Visita** la ciudad antigua, las murallas...¡**Vive** como en el siglo XVII! ¿Te gusta la idea? Entonces **escribe** a la Cooperación Nacional de Turismo.
2. Playas inmensas de arena blanca, aguas transparentes. **Disfruta** del mar y **vive** la noche caribeña. **Bebe** con nosotros ron cubano: con jugo de piña, con limón, con naranja, ...¡Ya lo sabes! Para disfrutar de playas, **ven** a Cuba. **Infórmate** en tu agencia de viajes.

7

a) *Freie Übung.*

b) *Lösungsvorschlag:*
Querida Isabel:
¿Cómo estás? Tengo que trabajar mucho por el momento. Por eso quiero escapar del estrés en mis vacaciones. Hay muchas ofertas en las agencias de viaje de nuestra ciudad. He decidido pasar una semana en París para hacer un curso de dibujo y pintura. París me encanta. ¡Imagínate todos los museos que hay en la ciudad! Sobre todo voy a ir al Louvre para ver los cuadros de los impresionistas. Por la mañana me voy a levantar tarde y después voy a desayunar en un pequeño bar en la calle. Por las noches voy a cenar en restaurantes muy buenos. Pienso alquilar una habitación en un pequeño hotel en el Barrio Latino. ¿Por qué no vienes conmigo?
Hasta pronto. Un abrazo, ...

8

a) *usted:* vea, elija, busque, compare, cómprelo
tú: gasta, gana, toma, refréscate

b) *Freie Übung.*

9

a und b)
Imperativo
tú: piensa, bebe, ven, haz, di, vive, ve, pon
usted: piense, beba, venga, haya, diga, viva, vaya, ponga

Presente
yo: pienso, bebo, vengo, hago, digo, vivo, voy, pongo

Infinitivo
pensar, beber, venir, hacer, decir, vivir, ir, poner

10

1. esquiar, 2. naturaleza, 3. aventura, 4. playa, 5. monumento, 6. pasaporte, 7. arte, 8. sol, 9. hoteles, 10. verano, 11. billete, 12. viaje, 13. maleta, 14. descansar

Solución: ¡Que lo pasen bien!

11

Freie Übung.

12

Lösungsvorschlag:
¡Visite "Meinestadt"! Una ciudad maravillosa, famosa por su bonito centro histórico.
¿Le gusta ir de compras? Descubra nuestras excelentes boutiques. ¿Le interesa el arte? El Museo de Arte Moderno le espera. Visite también la iglesia San Martín que es conocida por sus cuadros barrocos. Descanse en un restaurante en la "Lange Straße" o en el "Marktplatz" o siéntese en un café y disfrute la especialidad de nuestra ciudad, las "Meinestädter Bärentatzen". ¿Viene con toda su familia? Disfrute de nuestra piscina que es famosa por su parque tropical. ¡Le va a gustar a toda la familia! Nuestra ciudad es un lugar ideal para descansar. ¡Le esperamos!

13

a) *Transkription:*

1. Yo no puedo dejar mi coche en la calle. Necesito un hotel con garaje.
2. • Hemos venido para conocer la ciudad. Por eso buscamos un hotel en el centro.
   ○ Y por favor, sin aire acondicionado.
3. • A ver. Mira, éste de aquí. No, pero tanto dinero no nos queremos gastar.
   ○ No, no. Mejor algo más barato. Sigue.
4. Me molesta mucho el ruido del tráfico. Para mí tiene que ser un hotel en el centro pero tranquilo, y con estilo.
5. Busco un hotel con piscina. Y si tiene solarium, mejor.

1. El Sr. Álvarez nesecita un hotel con garaje.
2. Los Sres. Uribe buscan un hotel en el centro sin aire acondicionado.
3. Nicolás y Rafael buscan un hotel barato.
4. Don Carlos Carrascal desea un hotel muy central, pero tranquilo y con estilo.
5. María Jesús quiere un hotel con piscina y, si es posible, con solarium también.

b) 1. Hotel Dante, 2. Hotel Santamarta, Hotel Expo, Hotel Dante, 3. Hotel Santamarta, 4. Hotel Rialto, 5. Hotel Expo

c) *Freie Übung.*

14

Estimados señores:
Este año pienso viajar a Alicante con mi hija. Quería reservar una habitación con aire acondicionado y televisión del 15 al 29 de julio. ¿Tiene su hotel piscina y garaje? ¿Puede decirme cuánto cuestan dos semanas con media pensión?
En espera de sus noticias les saludo atentamente.

15

Transkription:

- • Príncipe Juan. Dígame.
- ○ ¿El hotel Príncipe Juan?
- • Sí, sí, es aquí. ¿Qué desea?
- ○ Quería saber cuánto cuesta una habitación individual.
- • El precio está entre 9.000 y 13.000 pesetas por día, señora. Desayuno incluido. Depende de la categoría y de la temporada. A veces llevan un suplemento de temporada.
- ○ Quería ir en marzo, del 3 al 5 de marzo.
- • Pues muy bien. Para estas fechas no llevan suplementos y tenemos habitaciones libres.
- ○ Bien. Eh... voy a llevar a mi hija. Supongo que puede dormir conmigo en la habitación, ¿no?
- • ¿Cuántos años tiene la niña?
- ○ Es pequeñita. Seis.
- • Claro, señora, puede quedarse gratis con usted en la misma habitación. Le ponemos una cama extra y no hay problemas.
- ○ Muy bien, muchas gracias. Y las habitaciones, ¿qué tal son?
- • Todas tienen teléfono y televisión vía satélite, baño completo o ducha, aire acondicionado, mini bar, etc. El hotel tiene sauna y una pista de tenis.
- ○ ¿Y las más económicas?
- • Son las interiores que tienen ducha.

- ○ Está bien, entonces quiero hacer una reserva para una habitación individual económica para dos noches.
- ● Del 3 al 5 de marzo me ha dicho, ¿verdad?
- ○ Sí.
- ● ¿A qué nombre?
- ○ Lozano, María del Rosario Lozano...

Correcto: 1, 3, 4
Falso: 2, 5

16

Lösungsvorschlag:
¿Quiere pasar unas vacaciones inolvidables? ¡Entonces visite nuestro hotel "Vacaciones Inn"! Está cerca del centro de la ciudad pero al mismo tiempo dispone de un ambiente muy tranquilo. Nuestro hotel tiene cuatro estrellas y dispone de todo el confort que desean nuestros clientes. Todas las habitaciones tienen aire acondicionado y grandes baños modernos. Disponemos de una piscina, una sala de televisión y sauna. En nuestro restaurante podemos recomendarle las especialidades de la región y cocina francesa. Los balcones ofrecen una vista maravillosa. ¿Vacaciones aburridas? ¡Dígales adiós con nosotros! Organizamos excursiones de un día. Se alquilan bicicletas. Para los niños recomendamos una visita a nuestro zoo. ¿O viene con su pareja? Especialmente a la gente joven le gusta dar un paseo romántico por el parque cerca de la casa. ¡Disfrute de su tiempo libre en nuestro oasis de tranquilidad!

17

Lösungsvorschlag:
1. En Londres en noviembre hay niebla.
2. En Sevilla en agosto hace calor.
3. En Moscú en invierno hace mucho frío.
4. En los alpes en diciembre hay nieve y hace frío.
5. En Alemania en abril llueve frecuentemente.
6. En la costa holandesa en mayo hace viento pero en general hace buen tiempo.
7. En Florida hace sol y calor todo el año.
8. En la Costa del Sol hace buen tiempo todo el año pero en invierno llueve a veces.

18

Lösungsvorschlag:
Costa del Pacífico: clima suave, no hace mucho calor, verano (estación seca) de mayo a noviembre, en julio y agosto las temperaturas pueden bajar hasta 20 grados debido al viento del mar
Tierra baja: Seis meses de verano y seis de invierno, clima seco y como en el mediterraneo, temperaturas entre 25 y 30 grados, en diciembre y enero más de 30 grados, en invierno llueve mucho
Sierra / Andes: temperaturas muy extremas, van de cinco grados por la mañana a 25 grados hacia las doce / la una, frecuentemente nieblas por la tarde y por eso las temperaturas bajan hasta cero, en los volcanos siempre hay nieve, la estación de lluvias es de mayo a septiembre

19

1. Picasso **pintó** *Guernica* en 1937.
2. Los árabes **vivieron** en España casi 800 años.
3. Colón **llegó** a América el 12 de octubre de 1492.
4. Cela **escribió** la novela *La familia de Pascal Duarte* en 1942.
5. El primer hombre en ir a la luna **fue** Neil Armstrong en 1969.
6. Gabriel García Márquez **recibió** el Premio Nobel de Literatura en 1982.

20

a) – c) *Freie Übungen.*

21

Freie Übung.

22

a) pueblo – Volk
escritura – Schrift
fundar – gründen
conocimientos – Kenntnisse
desarrollar – entwickeln
común – gemeinsam
pacífico – friedlich

b) *Correcto:* 2, 3
Falso: 1, 4

23

Lösungsvorschlag:
vacaciones culturales: guía turística, lugares históricos, arqueología, visitar museos, arquitectura gótica, exposiciones

vacaciones activas: esquiar, aventura en la jungla, bailar, cámping, bicicleta, nadar
vacaciones para descansar: tomar el sol, levantarse tarde, playa, dormir la siesta, leer libros, escapar del estrés

24

Lösungsvorschlag:

1. ¿Puede recomendarme/Me puede recomendar un hotel?
2. ¿Tiene su hotel garaje?
3. ¿Hay pensión completa?
4. ¿Tienen las habitaciones aire acondicionado?
5. ¿Puedo/Se puede alquilar un coche?

1. Quería reservar una habitación.
2. Quería informaciones sobre viajes en grupo.
3. Quería cambiar marcos (alemanes) en pesetas, por favor.
4. Quería reservar una habitación individual con ducha.
5. ¿Cuándo sale el autobús?
6. Quería alquilar una casa cerca del mar.

25

Wörtersammlung.

Unidad 12

a) *Lösungsvorschlag:*

1. Tienda de modas
2. Estación ferrocarril al comprar un billete
3. Hotel
4. Restaurante

b) *Lösungsvorschlag:*
En un restaurante

- ● Buenas tardes. ¿Qué desean?
- ○ Yo de primero una sopa de ajo, por favor.
- △ Y para mí una ensalada verde.
- ● ¿Y de segundo?
- ○ Yo un filete con patatas fritas, por favor.
- △ Y para mí gambas a la plancha.
- ● ¿Y para beber?
- ○ ¿Puede recomendarnos un vino?
- ● Sí, tenemos un vino tinto de la Rioja, es bien seco.
- ○ Muy bien, y una botella de agua sin gas, por favor.
- ● ¿Desean postre?
- ○ Un helado con fresas, por favor.
- △ Para mí nada. Pero quiero un café con leche.
- ● Perfecto, señores.

2

El tren de la vía 4 a Bilbao va a salir a las 17h.
El AVE procedente de Sevilla va a llegar con 10 minutos de retraso.

3

a) *Transkription:*
Este es el contestador automático de la doctora Emilia Moreno. Ha llamado usted fuera de nuestro horario de consulta. Nuestra consulta está abierta de lunes a viernes de nueve a doce y de tres y media a seis. Los martes no hay consulta. En caso de urgencia puede llamar al número 2 953 751. Muchas gracias por su llamada.

a) *und* b) *Freie Übungen.*

c) *Lösungsvorschlag:*
Dra. Emilia Moreno
Dentista
Horario de consulta
lunes a viernes 9–12h y 15h30–18h
Los martes no hay consulta.

4

1. pueblo, 2. abuela, 3. abrir, 4. mujer, 5. temprano, 6. terminar, 7. preguntar, 8. nada, 9. tranquilo, 10. antes, 11. malo, 12. lejos, 13. noche, 14. levantarse, 15. blanco, 16. hijos, 17. menor, 18. mucho, 19. diferente, 20. tiempo libre

5

a) tener sed – Durst haben
tener ganas de hacer algo – Lust haben, etwas zu tun
tengo calor – mir ist heiß
tener sueño – müde sein
tengo frío – ich friere
tener hambre – Hunger haben

b) *Lösungsvorschlag:*

1. ¿Cuántos años tiene/s?

2. Tengo frío.
3. Tengo calor.
4. Tengo prisa.
5. Tengo ganas de ir la cine.
6. Tengo sueño.

6

a) 1. Dale
2. haciéndolas
3. verlo
4. duchándome
5. probarlo
6. decirme
7. Espéreme
8. búscalas

b) 2. Un momento, las estoy haciendo.
3. Pues no, no lo pienso ver.
4. No, todavía me estoy duchando.
5. Está riquísimo. ¿Lo quieres probar?
6. Oiga, ¿me puede decir dónde hay una farmacia?

7

Lösungsvorschlag:

1. Está leyendo el periódico.
2. Está comiendo un pastel.
3. Está planchando la ropa.
4. Está jugando (a los dados).
5. Está limpiando la ventana.
6. Está lavando la ropa.

8

Lösungsvorschlag:

Querida amiga:
¿Qué tal estás? ¿Cuando empiezan tus vacaciones? Este año yo pienso ir a Chile. Mi hermano ya ha regresado de allí y me ha contado mucho de este país. Hay todo tipo de actividades. Mi hermano me ha traído los catálogos de su viaje. ¿Te gustaría ir conmigo? Podemos viajar a Santiago y hacer una excursión turística. Si quieres puedes comprar algo en una de las tiendas de artesanía o en los mercados que hay en todas las partes de la ciudad. Después de pasear por Santiago podemos viajar hacia el sur a la zona de los lagos para pescar y luego seguir hasta Valdivia (allí se ofrecen escursiones en lancha por el río Calle Calle). O podemos ir en coche o autobús al Lago Panguipulli. Si quieres podemos ir también a las Torres del Paine o a la Isla de Pascua. Y si todavía tenemos tiempo podemos ir a Tierra de Fuego. ¿Qué te parece? Te mando los catálogos. Escríbeme pronto si tienes ganas de ir conmigo.
Un abrazo,

9

Die fett gedruckten Begriffe sind die Lösungen.

1. **La** mujer **más** vieja del mundo se llama Jeanne Luise Calment. Nació el veintiuno de febrero de 1875.
2. Los Pirineos son **menos** altos **que** los Alpes.
3. París es **más** grande **que** Munich.
4. Los españoles duermen **más que** los griegos.
5. Michael Tan tiene siete años. Es **el** estudiante **más** joven del mundo.
6. Austria tiene **menos** habitantes **que** Argentina.
7. **La** región **más** seca del mundo es la costa en el norte de Chile, entre Arica y Antofagasta.

10

Indefinido: anoche, hace tres meses, en 1990, el mes pasado, ayer, en abril
Perfecto: siempre, esta semana, nunca, ya, hoy, alguna vez, este año, este verano, todavía no

11

a) canto; viaj**é**; pase, pase; se qued**ó**; fui, pas**é**; trabajo; cant**ó**; trabaj**ó**; viaje; me quedo

b) *Ausspracheübung.*

c) *Transkription:*
1. En 1995 viajé a Colombia.
2. Pase, pase, señora Gómez. ¡Cuánto tiempo sin vernos!
3. Desde 1950 hasta 1972 Pedro trabajó conmigo en la empresa de mi padre.
4. ¡Viaje a Latinoamérica con Aerolíneas "Pato Dorado"!
5. Trabajo también este fin de semana.
6. Pasé unas vacaciones fantásticas el año pasado.

Indefinido: 1, 3, 6
Präsens: 5
Imperativ: 2, 4,

12

a) *Lösungsvorschlag:*
1. nació, 2. fue, 3. escribió, 4. trabajó, 5. Formó, 6. Debutó, 7. llegó, 8. recibió

13

a) *Übung zum Leseverstehen.*

b) *Freie Übung.*

14

a) *Freie Übung.*

b) *Freie Übung.*

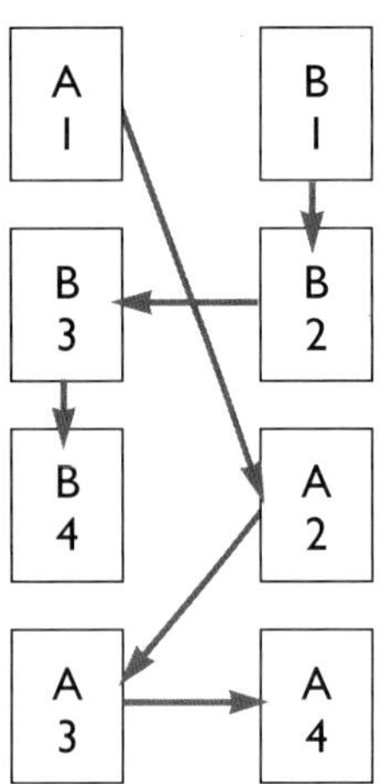

Lösungvorschlag:
Historia A: La corbata
Julián fue a un congreso. En su hotel abrió su maleta y se dio cuenta: "¡He olvidado mi corbata! Y el congreso va a empezar dentro de una hora." Fue al centro de la ciudad pero no encontró ninguna tienda abierta. Después de regresar al hotel vio al recepcionista y le preguntó: "¿Puedo comprar su corbata? Tengo un congreso y he olvidado traer la mía." El recepcionista le dio su corbata por cinco mil pesetas. Julián fue al congreso y entró en un bar para tomar un café. El camarero vino con el café y, ¡qué horror! le manchó la corbata.

Historia B: La invitación
Clara recibió una invitación para el cumpleaños de su amiga. Se alegró muchísimo, pero pensó: ¿Qué vestido puedo ponerme? Miró su ropa y no encontró nada. Decidió ir a una tienda de modas para comprarse un vestido nuevo. La vendedora trajo muchos vestidos de diferentes estilos. Clara se probó vestidos de todos los colores pero el rojo le gustó mas. En la noche de la fiesta fue a casa de su amiga. Pero cuando su amigo abrió la puerta, ¡qué horror! ¡Encontró a su amiga con un vestido igual!

Test

1. Sí, son las cuatro menos diez.
2. No, solamente media pensión.
3. A las catorce cuarenta.
4. Sí, hay uno a cinco kilómetros del centro.
5. ¿De parte de quién?

tú: Haz un seguro. Reserva los billetes un mes antes. Recoge los pasaportes. Lleva cheques de viaje.
usted: Haga un seguro. Reserve los billetes un mes antes. Recoja los pasaportes. Lleve cheques de viaje.

3

Lösungsvorschlag:
1. ¿Sabe trabajar en ordenador?
2. Hoy no puedo esquiar porque tengo que trabajar.
3. ¿Sabe usted jugar al tenis?
4. ¿Sabe usted (hablar) francés?
5. Perdone, ¿puede cambiarme 5.000 pts?
6. No sé jugar el piano.

he tenido, he escrito; He tenido; He hecho, he aprobado; he ido, he empezado; he dejado; Habéis / Has visto; No he recibido

Unidad 13

Lösungsvorschlag:
ojo, nariz, oreja, boca, dientes, brazo, mano, dedos, pierna, pie, (dedos)

2

a) 1. bigote, 2. boca, 3. brazos, 4. cabeza, 5. dedos, 6. diente ... diente, 7. manos, 8. nariz, 9. orejas, 10. pelo, 11. pies, 12. piernas

b) ¡Qué bonitos ojos tienes!

c) *Transkription des Liedtextes:*
¡Qué bonitos ojos tienes
debajo de estas dos cejas!
Debajo de estas dos cejas
¡qué bonitos ojos tienes!

Ellos me quieren mirar
pero si tú no los dejas
pero si tú no los dejas
ni siquiera parpadear

Malagueña salerosa
besar tus labios quisiera
besar tus labios quisiera
Malagueña salerosa

Y decirte, niña hermosa,
que eres linda y hechicera
que eres linda y hechicera
como el candor de una rosa

Y decirte, niña hermosa,
que eres linda y hechicera
que eres linda y hechicera
como el candor de una rosa
como el carmín de una rosa
(Los Panchos: Malagueña)

3

Freie Übung.

4

a) en; de, por, de, para; en; a, a, de; por

b) además de, empezar a, dejar de, pensar en, acabar de

c) *Freie Übung.*

5

1. Acuéstese siempre a la misma hora.
2. Beba un vaso de leche antes de acostarse.
3. Abra la ventana.
4. Tome un baño caliente.
5. Relájese y piense en cosas agradables.
6. Y si todavía tiene problemas: cuente ovejas.

6

blanco – blanquísimo, mucho – muchísimo, caro – carísimo, tarde – tardísimo, rico – riquísimo, simpático – simpatiquísimo

1. carísimo, 2. tardísmo, 3. muchísimo, 4. simpatiquísima, 5. riquísima

7

a) *Lösungsvorschlag:*
El pintor se llama Botero.
Nació en 1939 en Colombia de una familia modesta.
Pintó su primer cuadro a los 12 años; se ganó su vida como diseñador e ilustrador.
Fue a Europa.
Sus figuras son gordísimas.
Botero pinta todo tipo de personajes muy gordos. Siempre parecen muy felices.
Botero tiene un estilo original.

b) *Freie Übung.*

8

a) 1. Me siento mal.
2. Me duele el estómago.
3. Ayer vomité.

b)

1. Siéntese, por favor.	Siéntate, por favor.
2. Quítese la blusa.	Quítate la camisa.
3. Acuéstese.	Acuéstate.
4 Relájese.	Relájate.

9

a) *Lösungsvorschlag:*
1. No coma muchos helados y chocolates.
2. Tome vitaminas.
3. Desayune con tranquilidad.
4. Vaya al médico por lo menos una vez al año.
5. No tome antibióticos frecuentemente.
6. No coma más de dos huevos al día.
7. Salga al aire fresco con regularidad.
8. No trabaje demasiado.
9. No beba mucho café.
10. Haga mucho deporte.

b) No comas tanto/demasiado.
No bebas (mucho) alcohol.

No tomes tantos medicamentos.
No trabajes tanto/demasiado.

10

1. duele; duelen, falta; duele; duele, gusta
2. pasa, duele, gustan; falta, pasan

11

Lösungsvorschlag:

1. Ponte / ¿Por qué no te pones crema (en las manos)?
2. Toma una aspirina o acuéstate y duerme unas horas.
3. Ve al doctor y pídele un medicamento contra la diarrea.
4. Ve al dentista.
5. Acuéstate temprano y bebe un té contra la fiebre.

12

1. D, 2. C, 3. A, 4. B

13

Lösungsvorschlag:
gastan, enfermedad, siente, vitamina, días

14

Lösungsvorschlag:

A Buenos días, ¿qué desea?
B Buenos días. Me siento fatal / mal.
A ¿Qué le pasa? / Qué le duele? / Tiene fiebre?
B Tengo sueño, un poco dolor de garganta y de cabeza y diarrea.
A En este momento / En estos días muchas personas / todo el mundo tiene una gripe grave.
B ¿Qué puedo hacer (contra esta gripe)?
A Lo siento, pero no puede hacer mucho excepto quedarse en cama. Pero puede tomar una aspirina y algo contra la tos.
B Bueno, entonces déme un medicamento contra la tos, por favor. Pero no quiero tomar aspirinas.
A Bueno, entonces le propongo una infusión contra el resfriado.
B Bueno, lo voy a tomar. ¿Cuánto cuesta?
A Pues, un paquete de Tos-adiós y la infusión ... Son 2.500 pts.
B Tenga. Muchas gracias.
A A usted. ¡Que se mejore! Adiós.

15

2. g, 3. f, 4. a, 5. h, 6. d, 7. i, 8. c, 9. j, 10. e

16

poder: pude, pudiste, pudo, pudimos, pudisteis, pudieron
tener: tuve, tuviste, tuvo, tuvimos, tuvisteis, tuvieron
estar: estuve, estuviste, estuvo, estuvimos, estuvisteis, estuvieron
poner: puse, pusiste, puso, pusimos, pusisteis, pusieron
hacer: hice, hiciste, hizo, hicimos, hicisteis, hicieron

17

Freie Übung.

18

pierna; pie; estómago; deporte; cama; botella; buen humor
Solución: la salud

19

En los años 80 apareció una enfermedad nueva, el SIDA. Muy pronto empezó a ser un problema en todo el mundo. El SIDA es una enfermedad terrible que lleva a la muerte. Se contagia sobre todo por contactos sexuales, pero también hay otras formas de infección. Usar preservativos puede evitar la infección; por eso todos los gobiernos han hecho grandes campañas de información.

20

a) *Leseverstehenstext.*

b) *Lösungsvorschlag:*
SÍ DA: relaciones sexuales sin preservativo, transmisión de la madre al bebé antes de nacer, intercambiar la máquina de afeitar y otros objetos que cortan, intercambiarse el cepillo de dientes, utilizar la misma jeringa
NO DA: relaciones sexuales con preservativo, las picaduras de mosquitos, darse la mano, beber del mismo vaso o de la misma botella, intercambiarse la ropa, jugar

21

Wörtersammlung.

Unidad 14

1

Lösungsvorschlag:
Esta casa tiene una fachada, ventanas, balcones, un techo y calefacción.

2

3

a) und b) *Freie Übung.*

4

Freie Übung.

5

a) *Lösungsvorschlag:*
Hay unas botellas en el sofá.
El suelo está cubierto de libros y de ropa.
El papel higiénico está en la lámpara.
Encima de la mesa hay un plato con un tenedor, una cuchara, restos de comida y una taza. Además hay libros.
El despertador está al lado de la cama en el suelo.
Alfredo ha puesto un zapato y libros en la cama.
En la estantería hay libros abiertos.
Los calcetines están en la lámpara sobre la cama.

b) *Lösungsvorschlag:*
Pon tu ropa en el armario. Tienes que lavar los platos. Quita los libros del suelo. Pon tus zapatos en el pasillo. Toma las botellas y sácalas con la basura. Tienes que poner el papel higiénico en el baño. Haz la cama. Ordena tus libros en la estantería. Pon los calcetines en la lavadora. Y después pasa la aspiradora.

6

a) *Lösungsvorschlag:*
1. ¿En qué piso se encuentra la habitación?
2. ¿El edificio tiene ascensor?
3. ¿La habitación da a la calle?
4. ¿Qué muebles se encuentran/están en la habitación?
5. ¿Cuándo puedo ver la habitación?
6. ¿Cuánto cuesta la habitación?

b) *Transkription:*
- ● Bien, bien. Me gusta la habitación. No es muy grande, pero está bien.
- ○ Los muebles son muy bonitos y casi nuevos.
- ● Bueno, el precio no está mal. Mmmh.. ¿Qué más necesito saber?
- ○ Bueno, hay algunas reglas de la casa, ¿sabe?
- ● Ah, ¿si? ¿Y cuáles son?
- ○ Lo normal, lo normal, nada más. Pues, no está permitido tener animales en la habitación.
- ● Bueno, yo no tengo animales. Pero a veces me visita mi amiga con su perro. Eso no importa, ¿no?
- ○ Si no se queda el perro, está bien. Para una visita, vale. Bueno, y después... eh, no se puede fumar en las habitaciones. Es que luego el humo, ya sabe usted...
- ● Ah, eso no es ningún problema. Yo no fumo.
- ○ Mejor, con lo malo que es fumar. Ah, y no quiero la pared llena de pósters.
- ● Vale, vale. ¿Algo más?
- ○ Sí, si sale, no deje la ventana abierta. Es más seguro y así me quedo más tranquila.
- ● De acuerdo. ¿Es todo?
- ○ Después de las diez de la noche, no puede recibir visitas. Es que los demás también tienen que dormir, y yo me tengo que levantar muy temprano.
- ● No se preocupe, señora. Yo soy una chica seria y lo que quiero es una vida tranquila y sin problemas.

○ Entonces está todo claro. Si quiere, podemos firmar el contrato directamente....

Lösungsvorschlag:
No está permitido tener animales en la habitación.
No se puede fumar.
La señora no quiere posters en la pared.
No está permitido dejar la ventana abierta cuando se sale.
Después de las diez de la noche no se pueden recibir visitas.

7

Lösungsvorschlag:
1. Mi madre cocina bien.
2. El paciente se siente mal.
3. El vino es bueno.
4. Frecuentemente como en un restaurante español.
5. Vivo en un barrio tranquilo.
6. Los domingos leo tranquilamente el periódico.
7. Mi coche es muy cómodo.
8. He aprendido la diferencia entre adjetivo y adverbio fácilmente.

8

casa: moderno, alto, nuevo, bonito, antiguo, original, tradicional, viejo, típico, oscuro
persona: delgado, joven, alto, alegre, original, viejo, moreno, típico, simpático

9

a) Bettbezug – funda, ausschütteln – sacudir, Federbett – edredón

b) *Lösungsvorschlag:*
Con el edredón Nórdico es muy fácil hacer la cama. Basta sacudirla por la mañana y la cama está ordenada. El edredón es muy cómodo, calienta bien y no pesa mucho. Por eso se duerme bien. Además se ofrecen fundas en todos los colores que hacen el edredón más bonito.

c) *Freie Übung.*

10

Freie Übung.

11

- hacías, vivías
- ○ iba, era
- tenías
- ○ había
- ○ eran, podíamos, hablabamos, pegaban
- gustaba
- ○ gustaba, tenía, trabajábamos
- jugábais
- ○ trabajábamos, jugábamos

12

Freie Übung.

13

Freie Übung.

14

Se trata de los apartamentos "Tranquilidad".

15

a) und b) trabajaban; encontraron. Blancanieves y los siete enanitos
estaban, dio; salió. La Cenicienta
estaban, llegó, se comió. El lobo y los siete cabritos
entró, vio, estaba. La Bella Durmiente

16

Horizontal: 1. pude, 2. tuve, 3. fumamos, 4. puso, 5. hizo, 6. llegué, 7. estuvisteis, 8. hicieron, 9. fui, 10. fuimos, 11. volví, 12. estuvieron
Vertical: 1. tuvo, 2. almorcé, 3. puse, 4. volvió, 5. tuviste, 6. fue, 7. volviste, 8. fueron, 9. quise, 10. pudo, 11. fui

17

1. estaba jugando, dijo
2. iba, pensaba, encontró
3. entró, vio, estaba
4. vio, sacó, mató

Lerntip:
Lösungsvorschlag:
- ¿Quieres algo para comer? Möchtest du etwas (zu) essen?
- ○ Gracias, no quiero nada. – Danke, ich möchte nichts.
- ¿Ha llamado alguien? – Hat jemand angerufen?
- ○ No, no ha llamado nadie. – Nein, niemand hat angerufen.

- Algunos cuentos parecen violentos. – Einige Märchen kommen einem brutal vor.
- No hay ninguna cultura sin cuentos. – Es gibt keine Kultur ohne Märchen.
- ¿Tienes una aspirina? – Hast du ein Aspirin?
- No, lo siento, no tengo ninguna. – Nein, tut mir leid, ich habe keins.

18

a) 1. nadie, 2. nunca, 3. ninguno, 4. nadie, 5. nada, nada

b) alguien – nadie, algo – nada, algún – ningún, alguno – ninguno, algunas – ningunas, siempre – nunca

19

Freie Übung.

20

Freie Übung.

21

Wörtersammlung.

Unidad 15

1

¡Tome! Esto es para usted.
Pero no era necesario.
¡Toma! Esto es para ti.
Te he traído una cosa.
¡Feliz cumpleaños!
Felicidades, ¡que cumplas muchos más!
¿Por qué te has molestado?

2

1. me las, 2. me lo, 3. te las, 4. te; me los, 5. Se lo, 6. te, 7. te lo

3

Freie Übung.

4

In Panama wird Spanisch gesprochen.
Jorge duscht (sich) jeden Tag mit kaltem Wasser.
Die Schallplatte kaufe ich für meine Schwester.
Ja, Señor López, das Fax schicke ich Ihnen sofort.
Und die Bücher schenke ich den Kindern.

5

1. Le; se, 2. le; le, 3. se; les, se, 4. le, 5. se; se, 6. se, 7. se

6

1. las camas, 2. mis amigos, 3. la falda, 4. la novela, 5. el helado, 6. la mesa, 7. la tarjeta de crédito

7

a) *Imperfectos:* había, iba, hacía, leías, eras, sabía, contaba, leían, era, estaba, tenía, había, pasabais, érais, íbamos
Indefinidos: gustó, vi, dijo, decidimos, pasamos, Fue, encontré

b) *Hintergrund / Begleitumstände:* había mucha gente, iba por la Calle Mayor, hacía buen tiempo, cuando aún no sabía leer, como era la casa, estaba amueblada, tenía un salón bastante grande, en el salón había un sofá-cama, cuando érais niños
Gewohnheit: tú leías cuentos, siempre me los contaba mi papá, me los leían mis abuelos, adónde pasábais las vacaciones, íbamos al campo
Handlung / Resultat: me gustó mucho, sabes a quién vi, ¿qué te dijo?, decidimos salir a dar un paseo, pasamos todo el día en la playa, Fue un concierto aburridísimo, yo no lo encontré tan aburrido

8

Boda
Navidad
Cumpleaños

9

En Navidad los españoles no mandan felicitaciones. F
En Alemania, cuando nace un niño, se mandan anuncios del nacimiento a todo el mundo. F
En Alemania se manda tarjetas para felicitar por Pascua. C
En España se mandan tarjetas de boda sólo a los amigos que se han invitado. C

10

a) *Lesetext.*

b) *Freie Übung.*

11

a) *Lösungsvorschlag:*
Hace diez años vino a Alemania por primera vez. Vivió en Munich.
Hace ocho años se mudó a Düsseldorf.
Desde hace siete años ha vivido en Colonia.
Desde 1994 ha dado clases de español.
Hace cinco años conoció a Klaus.
Desde hace tres años ha vivido con Klaus.

b) *Freie Übung.*

12

la piñata
la uva
las posadas
el turrón
la boda
villancico

13

Lösungsvorschlag:
Las Fallas de Valencia: En esta fiesta se celebra la llegada de la primavera. Se queman grandes esculturas de cartón piedra. Se enciende una gran hoguera.
El carnaval de Oruro: En esta fiesta los diablos piden ayuda a la virgen. La gente lleva máscaras y disfraces.
El día de los muertos: Se reunen con los familiares muertos. Se toman comida, tequila y tabaco en el cementerio.
En *Nochevieja* se comen doce uvas, una con cada campanada.

14

El texto se refiere a la fiesta de "Moros y Cristianos" en Alicante.

15

Lösungsvorschlag:
viviría, cumpliría, buscaría, pasaría, recibiría, cambiaría, haría, compraría: *Verbos, forma del condicional.*
pescadería, carnicería, verdulería, frutería, panadería, papelería: *Nombres de tiendas.*

16

Transkription und Lösung:
- ● Pepe, ¿sabes que me gustaría mucho viajar a las Antillas? ¿Crees que podríamos ir el verano que viene?
- ○ No, yo en verano, la verdad es que no. Con el calor que hace allí en verano, lo pasaría muy mal. Ya ves que yo con el calor no puedo. Estaría de mal humor, no podría dormir por la noche, estaría cansadísimo durante el día.
- ● Qué va, qué va. Abriríamos la ventana y entraría la brisa. ¿Te imaginas? La luna, las palmeras, el ruido del mar...
- ○ Bah, entrarían los mosquitos, todos esos insectos de la selva. Y qué sé yo qué animales peligrosos: tarántulas, escorpiones...
- ● ¡Chico!, ¡no exageres! ¡Qué pesimista eres! Pues te compras un insecticida. Bueno, parece que no quieres venir conmigo a las Antillas, ¿verdad?
- ○ No, la verdad es que no. Pero no te preocupes. ¿Por qué no te vas con una amiga?
- ● No sé. ¿Con quién podría ir?
- ○ Con Antonia y Julia, por ejemplo. Seguro que lo pasaríais muy bien.
- ● Mmmmh... No es mala idea. Pero tú... ¿No te sentirías solo aquí?
- ○ No te preocupes, haría excursiones, saldría de copas con los amigos. Ya sabes que no me gusta nada el sol. De verdad que no me importa. Vete tranquilamente.
- ● Bueno, no sé. Creo que voy a llamar a Antonia y Julia para ver qué opinan ellas.

17

Freie Übung.

18

Lösungsvorschlag:
Martin podría tocar la guitarra. Alonso podría llevar unos platos y vasos. Victor podría preparar una ensalada.
(usw.)

19

1. ● Oiga, ¿podría dejarme el periódico? Es que quiero mirar a qué hora empieza la película.
   ○ Claro, joven, ¿quiere la sección de televisión o de los cines?
2. ● Oye, ¿podrías dejarme 5.000 pesetas?

Es que mi tarjeta no funciona y todavía tengo que comprar...
- ○ Claro, no te preocupes, toma.

3. • ¿Podría decirme cuánto cuesta el vuelo?
   ○ Desde Madrid 15.900 Pts. Desde Barcelona 24.500 Pts.
4. • Oye, ¿puedo llamar un momento? Es que Marta no sabe dónde estoy.
   ○ Por supuesto, llama, llama.
5. • ¿Me pasas la leche, por favor?
   ○ Claro, toma.

20

a) 1. toro, 2. moros, 3. novios, 4. máscara

b) *Lösungsvorschlag:*
Los toros se refieren a la fiesta de San Fermín en Pamplona.
Con moros se asocia la fiesta de "Moros y Cristianos" en Alicante
Los novios se refieren a la boda.
Se llevan máscaras en el carnaval de Oruro.

21

a) *Lösungsvorschlag:*
Fiestas religiosas: Navidad, Reyes Magos, boda, bautizo de un niño, Pascua, la Romería del Rocío
Otras: Año Nuevo, Nochevieja, cumpleaños, boda, fiesta de San Fermín en Pamplona, fiesta de "Moros y Cristianos" en Alicante, las Fallas de Valencia
(usw.)

b) *Freie Übung.*

22

Wörtersammlung.

Unidad 16

1

Freie Übung.

2

a) *Presente:* sé, salgo, juegan, duelen, cierran, se prueba, se despierta, conozco, duerme, saca, empiezo, hago, entiende, pido
Perfecto: he dicho, he vuelto, se ha levantado, han abierto
Indefinido: dijo, leyeron, saqué, llovió, durmió, hizo, fue, pagué, di, puse, pudimos, habló, pidió, vi, tuviste, vino, estuve
Imperfecto: salían, éramos, iba, veía, pensaba
Condicional: podríamos, perdería, buscaría, preferería, tendría

b) decir – dicho, poder – podido, saber – sabido, salir – salido, leer – leído, estar – estado, hacer – hecho, volver – vuelto, abrir – abierto, ver – visto

3

Freie Übung.

4

a) und b) *Freie Übungen.*

5

Lösungsvorschlag:
1. Lo siento, pero no tengo tiempo. Es que tengo clase de guitarra.
2. ¿Quiere dejar un recado?
3. Lo siento, no sé. No soy de aquí.
4. ¿Cuánto es (todo)?
5. ¿Vamos a la piscina? / ¿Por qué no vamos a la piscina?
6. Me duele la espalda.
7. Tiene que tomar el metro número 6. Después de tres estaciones tiene que bajar y tomar el autobús número 146.
8. Con mucho gusto, pero voy a llegar un poco más tarde.
9. ¡Feliz cumpleaños! ¡Que cumplas muchos más!
10. Me queda demasiado estrecha. ¿No tiene una talla más grande?

6

Lösungsvorschlag (Die fett gedruckten Begriffe sind die Lösungen.):
1. El día **6** de diciembre celebran San Nicolás.
2. ...Y el **Domingo de Pascua,** los niños buscan los huevos por el jardín.
3. ¿Sabes que **cuatro** domingos antes de Navidad encienden cuatro velas hasta el 24 de diciembre?
4. ... que los Carnavales más importantes de toda Alemania se celebran en Colonia, en **Düsseldorf** y en **Maguncia.**
5. ... el **jueves antes** de Carnavales...

7

a) México, República Dominicana, Cuba, Bolivia, Perú, Venezuela, Colombia, Ecuador, Nicaragua, Costa Rica, Argentina, Filipinas, Paraguay, Uruguay, Puerto Rico, El Salvador, Honduras, Panamá, Chile, Guatemala

b) *Lösungsvorschlag:*
el poncho: es boliviano, *la vicuña:* es boliviana/peruana, *el barco:* es peruano, *el habano:* es cubano, *el café:* es costarriqueño/costarricense, *la gorra:* es venezolana, *el calendario:* es mexicano/azteca, *el plátano:* es panameño, *el mate:* es argentino

8

a und b) *Freie Übungen.*

9

a) *Transkription*
- Hombre, Antonio, ¡qué alegría de verte! ¿Y... qué tal las vacaciones? ¿Por fin, adónde fuisteis?
- ○ Pues, mira. Pasamos dos semanas en Asturias. Comimos muy bien y disfrutamos de la naturaleza.
- ¡Qué suerte! Aquí llovió un día sí y otro también.
- ○ No me recuerdes la lluvia. Si te cuento... Un día decidimos hacer una excursión en bicicleta. Bien, salimos mi mujer, las niñas y dos amigos que conocimos allí, y que también estaban pasando unos días de vacaciones.
- ¡Ah! qué bien.
- ○ Sí, sí... Cuando estábamos a mitad de camino, empezó a llover como no te puedes imaginar. Tuvimos que quedarnos un par de horas en un caserío que afortunadamente había por allí cerca.
- Vaya, ¡qué aventura!
- ○ Sí, desde luego. Cuando dejó de llover era tardísimo, las niñas tenían hambre y en el cielo todavía se veían algunas nubes. Pero claro, teníamos que volver, allí no nos podíamos quedar porque la casa estaba abandonada y las pequeñas tenían miedo.
- Ya te digo yo, con niños no se puede ir a ninguna parte.
- ○ Bueno, espera, que no te he contado todo. A la vuelta a mí se me rompió la bicicleta, los demás se me adelantaron, claro. Se puso de nuevo a llover y yo llegué al hotel cansado, de mal humor y completamente mojado.
- Bueno, también hay que romper de alguna forma con la monotonía de las vacaciones, ¿no te parece?
- ○ ¿Tú crees? Me gustaría haberte visto a tí en mi lugar.

b) *Correcto:* 3, 4, 5
Falso: 1, 2, 6, 7

c) *Freie Übung.*

10

Lösungsvorschlag:
blusa, vaqueros, chaqueta, sombrero, zapatos, botas, falda, seda, cuero, algodón = *ropa*
tenis, paseo, música, playa, divertido, vacaciones, teatros, ópera, bares = *tiempo libre (usw.)*

11

Freie Übung.

12

Freie Übung.

13

Freie Übung.

Test

1

1. c, 2. a, 3. b, 4. a, 5. c, 6. b, 7. a, 8. c, 9. a, 10. b

2

1. colibrí, 2. café, 3. verano, 4. trabajo, 5. calcetines, 6. probadores, 7. amigo. 8. Paraguay, 9. alquiler, 10. espalda, 11. fin de semana, 12. antena parabólica, 13. cumpleaños

3

alegre – triste, lento – rápido, fácil – difícil, alguien – nadie, siempre – nunca, viejo – joven, sucio – limpio, delgado – gordo, joven – viejo, sano – enfermo

Spanische Leseshefte

Das können Sie schon lesen!

Venga a leer

Die Reihe eröffnet den Lernenden durch Spannung und Unterhaltung eine zusätzliche Kontaktmöglichkeit mit der spanischen Sprache und gewährt ihnen Einblicke in den Alltag der spanischsprachigen Welt.

Plaza Mayor, 1: Unter dieser Anschrift begegnet man den Bewohnern eines Hauses im alten Stadtzentrum von Madrid und lernt ihre Alltagsprobleme und Nachbarschaftskonflikte kennen.

Los Reyes Magos

48 Seiten
ISBN 3-12-**561530**-5

Reunión de vecinos

64 Seiten
ISBN 3-12-**561540**-2

El vecino del quinto

55 Seiten
ISBN 3-12-**561780**-4

El cartero no siempre llama dos veces

71 Seiten
ISBN 3-12-**561770**-7

Lecturas fáciles

Diese Lektürereihe umfaßt literarische Werke bekannter spanischer und lateinamerikanischer Autoren. Die Texte werden auf den Grundlagen der internationalen Wortfrequenzforschung so gekürzt und vereinfacht, daß sie auch mit geringen Sprachkenntnissen gelesen und verstanden werden können.

Las tres de la madrugada

M. Buñuel

Eine moderne Weihnachtsgeschichte.

64 Seiten, ISBN 3-12-**561610**-7

Los carros vacíos

F. García Pavón

Eine Kriminalgeschichte im kastilischen Dorf Tomelloso.

48 Seiten, ISBN 3-12-**561620**-4

Las aceitunas y otros pasos

Lope de Rueda

„Las aceitunas" ist ein sogenannter *paso*. Man versteht darunter eine Anekdote, die, komisch oder bissig, den gesunden Menschenverstand des Volkes hervorhebt.

57 Seiten, ISBN 3-12-**561640**-9

Marcelino pan y vino

J. M. Sánchez-Silva

Das Findelkind Marcelino entdeckt in der Abgeschiedenheit eines Klosters seine Umwelt.

48 Seiten
ISBN 3-12-**561630**-1

Muy lejos de Madrid – El primo Rafael

J. Fernández Santos

Zwei Jungen erleben ungewöhnliche Sommerferien kurz nach Ausbruch des spanischen Bürgerkrieges.

64 Seiten
ISBN 3-12-**561650**-6

Kompaktes Wissen ... mit PONS !

Wörterbuch

PONS Kompaktwörterbuch für alle Fälle Spanisch

Spanisch-Deutsch/Deutsch-Spanisch
Ca. 110.000 Stichwörter und Wendungen.
Umgangs- und Fachsprachen.
Format: 11 x 17,5 cm. Ca. 1480 Seiten.
ISBN 3-12-517421-X

Software

PONS LEXIFACE compact Spanisch

Deutsch-Spanisch/Spanisch-Deutsch
Elektronisches Wörterbuch mit topaktuellem, rechtschreibreformiertem Wörterbuchinhalt mit über 110.000 Stichwörtern und Wendungen. Besonders komfortabel mit der Pop-up-Funktion.
ISBN 3-12-168695-X

Lernmaterialien

PONS Grammatik Spanisch kurz & bündig

Kompaktes Wissen im handlichen Format.
Zweifarbige, übersichtliche Gestaltung.
Format: 12,5 x 21 cm. 112 Seiten
ISBN 3-12-560883-X

PONS Verbtabellen Spanisch

Übersichtliche, zweifarbige Konjugationstabellen der wichtigsten spanischen Verben.
Format: 14,7 x 21 cm. 104 Seiten
ISBN 3-12-560850-3

Wortschatz

PONS Wortschatztrainer für den Alltag Spanisch

Je 12 Themen für Unterhaltungen über Kultur, Freizeit und Beruf. Je eine Kassette oder Audio-CD (ca. 85′) mit Begleitheft, ca. 24 S.
ISBN 3-12-560916-X Hörkassette
ISBN 3-12-560918-6 Audio-CD
mehr Spanisch
ISBN 3-12-560910-0 Hörkassette
ISBN 3-12-560911-9 Audio-CD

PONS Wortschatztrainer für Urlaubsreisen Spanisch

Je 14 Themenbereiche zwischen Ankunft und Rückfahrt. Ideal zur Vorbereitung auf die Urlaubsreise. Je eine Kassette oder Audio-CD (ca. 85′) mit Begleitheft, ca. 24 S.
ISBN 3-12-560928-3 Hörkassette
ISBN 3-12-560929-1 Audio-CD

Besuchen Sie uns im Internet:
www.pons.de